Die kunst über geld nacbzudenken

# 金钱游戏

## （珍藏版）

### 一个投机者的告白

张建军 编著

经济和股市的关系就像主人与狗一样，
狗经常跑在主人的前面，
但它离开主人有一定距离的时候，
又会跑回来找它的主人……

——安德烈·科斯托兰尼

地震出版社
Seismological Press

**图书在版编目（CIP）数据**

金钱游戏：一个投机者的告白：珍藏版 / 张建军编著. —2 版. —北京：地震出版社，2018.7（2024.1 重印）

ISBN 978-7-5028-4967-2

Ⅰ.①金… Ⅱ.①张… Ⅲ.①股票投资-基本知识 Ⅳ.①F830.91

中国版本图书馆 CIP 数据核字（2018）第 069830 号

**地震版** XM5716/F(5670)

**金钱游戏——一个投机者的告白（珍藏版）**

张建军 编著

责任编辑：李 玲 吴桂洪

责任校对：凌 樱

出版发行：地震出版社

北京市海淀区民族大学南路 9 号　　邮编：100081

发行部：68423031 68467993　　传真：88421706

门市部：68467991　　传真：68467991

总编室：68462709 68423029　　传真：68455221

证券图书事业部：68426052 68470332

http：//www.dzpress.com.cn

E-mail：zqbj68426052@163.com

经销：全国各地新华书店

印刷：河北赛文印刷有限公司

版（印）次：2018 年 7 月第二版 2024 年 1 月第四次印刷

开本：787×1092 1/16

字数：157 千字

印张：13.5

书号：ISBN 978-7-5028-4967-2

定价：42.00 元

# 金钱游戏

## 一个投机者的告白

*Die Kunst über Geld nachzudenken*

## 编者的话

安德烈·科斯托兰尼是德国最负盛名的投资大师，被誉为“二十世纪的股票见证人”“本世纪金融史上最成功的投资者之一”。他在德国投资界的地位，有如美国的沃伦·巴菲特。他的成功，被视为欧洲股市的一大奇迹，他的理论，被视为权威的象征。安德烈·科斯托兰尼是德国股市的无冕之王，德国的投资人、专家及媒体记者，经常以他对股市的意见为依据，决定自己的行动方向，或发表分析文章。

安德烈·科斯托兰尼不仅是一名成功的投资者，也是广受读者喜爱的作家。本人在德国留学期间，阅读了他的大量著作，不仅笃信其作品的权威性，常感动于其人生的丰富，惊讶于其作品的睿智精深。安德烈·科斯托兰尼的作品，实用且平易近人。本人在大量收集整理报纸杂志对其人其事评介文章的基础上，将其作品和理论推介给中国的广大读者。本人将安德烈·科斯托兰尼先生毕生通透掌握的以钱赚钱的精髓，以隽永的人生经历，名言警句般的文字，编写成精彩绝伦的一个投机者的告白。愿读者能和我一起真切感受一代金钱大师的人生告白。在这里，我们以第一人称的叙述方式让安德烈·科斯托兰尼先生回顾他八十年的股市人生，请读者聆听这位一生富裕、优雅、从容的老先生教给你如何在纷繁多变的金钱游戏中稳操胜券的诀窍！

# 金钱游戏

## 一个投机者的告白

*Die Kunst über Geld nachzudenken*

目录

# 金钱游戏

一个投机者的告白

*Die Kunst über Geld nachzudenken*

# 金钱游戏

## 一个投机者的告白

*Die Kunst über Geld nachzudenken*

# 金钱游戏

## 一个投机者的告白

*Die Kunst über Geld nachzudenken*

# 金钱游戏

一个投机者的告白

*Die Kunst über Geld nachzudenken*

## 第一章 金钱的魅力

钱，属于狂热追求金钱的人。
他必须对金钱着迷，
就像被魔法师催眠的蛇，
但又必须和钱保持一定距离。

从亚里士多德，到圣方济（贫穷的倡导者）和马克思，再到教皇约翰保罗二世，许多思想家不断探讨一个问题：从道德上来看，追求金钱是合理且值得称赞的吗？显然，他们的看法从未一致过，但所有人又摆脱不掉金钱及其影响。有些人对金钱深恶痛绝，有些人受到金钱的诱惑。古希腊悲剧诗人索弗克勒斯看到金钱显现的恶，而法国小说家左拉却在人们最喜欢的小说《金钱》中问："为什么金钱要对其所导致的肮脏现象负责？"对于这个问题，不可能有客观的评断，因为每个人的价值观和物质条件不同。声称追求金钱不道德的人，他们的动机多半不是期盼正义，而是出于忌妒。

还有一个问题也具争议性，即追求金钱是否是经济进步的动力。赚钱的机会释放了个人的创造性、勤奋和冒险精神。哲学家也许会问，钱或用钱得到的东西，是否真能让人快乐？有了电脑、电视、汽车，我们就比500年前的人更快乐吗？也许不会，因为大家不会留恋自己不知道的事物。但有一点可以肯定，假如没有促成医学进步的经济发展，我今天就不会坐在这里，在93岁高龄时，还能写出这些，这种状况让我非常幸福。

我并不想断言，建立在金钱欲望上的资本主义制度是公平合理的，那是在说谎，但我得承认，这是要不得的好谎言。**资本主义与社会主义的差别很容易解释，就像一块切得不平均的大蛋糕，和一块切得大小均等的小蛋糕：**结果是，大小均等的小蛋糕块，比大蛋糕上最小块的蛋糕，还要小很多。

这个世界暂时选择了大蛋糕，大概因为资本主义制度更接近人的天性。事实上，社会主义也无法战胜人对金钱的欲望。我还记得二次大战结束后的1946年，我去布达佩斯时的情景。在美国，过度发展的资本主义当道，在宴会上，大家只有一个话题：钱。大家在乎的不是谁是谁，而是赚多少钱、拥有多少财产，但我在布达佩斯却体验到尖锐的对比。在布达佩斯，大家只谈论在做什么，拥有哪些成就。这个人创作了一部音乐作品，另一个人写了一本畅销书，还有一位是公认的经济学者等等。我显然更喜欢这种气氛，但一位朋友一语道破：**"虽然没人谈钱，但所有人都想着钱。"**获得财富的希望渺茫，大家只好避而不谈。

## 自由世界的价值标准

拥有钱的欲望和赚钱的欲望当然不同。有些人享有金钱带来的快乐。我认识一个人，他最喜欢的消遣是在银行存款簿上加数字。也有一些人，虽然可以买到很多漂亮、贵重的东西，但却不这么做，因为单单能够这么做的想法，就已经让他们满足了。我有位朋友，当他隔着外衣的布料摸着钱包，说出“钱”这个字时，他就感觉到，仿佛人生所有的乐趣都浓缩在支票簿里。另一个人告诉我，每当他在柜台前清点现金，而且收入很多时，他都能感到自己的性欲在蠢蠢欲动。

幸好，有人不光拥有钱，还能够身体力行。他们享受生活，不仅满足于研究菜单，而且享受美食。如果没有这种人，我们也必须创造出来，否则就要长期在通货紧缩中生活。诗人约瑟夫·奇士是这种人的代表，一位真正的有识之士，是我心目中匈牙利的海涅。

奇士靠银行的津贴为生，一次在去银行的路上，他在高级食品店的橱窗里看到非常漂亮的凤梨。

“凤梨多少钱?”他迟疑地问着。

“100 弗林特，诗人先生。”

这我可买不起，奇士想，然后走进银行。

在回去的路上，他再次经过这家店。这一次，奇士被诱惑打败，买下凤梨。碰巧枢密大臣李奥·蓝奇，也就是银行总裁，这天上午也在橱窗外看到凤梨。下午，他去商店想买凤梨

“没有凤梨了，奇士先生刚刚买走。”

“原来如此，”总裁说道，然后走了。

当奇士再次去银行取津贴时，枢密大臣走了过来，调侃他：“您说说，诗人先生，您是不是向我们伸手要了 100 弗林特，然后就用这笔钱买了凤梨?”

“总裁先生，”奇士答道：“如果我没有 100 弗林特，就买不起凤梨。现在我有 100 弗林特，如果还不可以买凤梨，那我什么时候可以买凤梨呢?”

对许多人来说，金钱意味着权力，象征着地位。钱为他们带来朋友、装腔作势的人、羡慕者和阿谀奉承的家伙，吸引着喜欢过寄生生活的人。他们被金钱吸引，因为他们明白，金钱也吸引其他许多人。但是，金钱也能弥补不幸，例如身体残疾、丑陋等等。金钱或许还能安慰有远大社会抱负，却因为出身卑贱，无法实现理想的人，对他而言，钱可以代替祖先。

在美国繁荣的英雄年代，麦斯威尔爵士不被美国上层社会接受的爱尔兰裔新兴百万富翁和没落的英国贵族，结果飞黄腾达。通过和伯爵及公爵的交往，新兴百万富翁感到自己和那些呆板的、花钱买爵位的美国贵族不相上下，而新贵阶级的百万家财，同时也吸引那些不再富有的贵族。

对其他人来说，金钱意味着医疗照顾、健康和长寿。随着年事渐高，我越来越懂得金钱的价值。但最重要的是，金钱让人独立，对我而言，这是健康之外最大的特权了。

没钱的人，必须赚钱。大部分的人为了维持生计，拼命赚钱，其他人是为了拥有金钱或增加金钱，而去赚钱。**哲学家叔本华说过："金钱像海水，喝得越多，越渴。"**

然而，对许多人来说，真正的刺激不是拥有金钱，而是赚钱。每当自己投机成功时，我先感到高兴的，不是投机赚了钱，而是我和其他人有不同的见解，并且被证明是正确的。玩赌轮盘的人也会沉醉在赢钱时的快乐，但他的第二大享受却是输钱，因为他要的是紧张刺激，而不是钱。

对知识分子和艺术家来说，赚钱除了有实际好处外，还意味着他的成就受到认可。有的画家、作家和音乐家天生富有，但他们仍然努力为自己的画作、书籍和音乐作品争取最高酬金，我也有过相同的经历。我的书销路好时，我对10%的稿酬并不觉得兴奋，相反地，却对读者肯花十倍于此的价钱买书而兴高采烈。

我有位老朋友，通过经理人买自己太太的画作，好让画家妻子得到正式认可，因为他认为她理所应得。即使是最富有的美女，也会为自己的相片尽可能索取高额酬金，以表明身价不凡。马克斯莱茵哈特剧院伟大的女演员莉莉·达娃丝曾对我说："哎，亲爱的安德烈，现在我要打扮得花枝招展，到林荫大道散步，我要看看，大家肯为我出多少钱。否则每个女人就白漂亮了!"

## 百万富翁需要多少钱

我和多数人不同，如果女人因为钱而爱上男人，我认为并不可耻；金钱代表他的成就，所以，她受到吸引。

"百万富翁"很多人会认为这是个怪问题，主要看如何定义。从前，如果谁拥有 10 万金币，维也纳人就会说："他是有分量的百万富翁。"百万富翁不一定拥有百万财产，而是值得尊敬的富人。

根据我的定义，百万富翁是指不依赖任何人，以自己的资本，就能满足自我需求的人。百万富翁不用工作，既不用面对上司，也无须对客户卑躬屈膝。这样生活的人是真正的百万富翁。要达到这个境界，有的人需要 50 万美元，有的人则需要 100 万美元，依个人的需求和义务而定。对音乐情有独钟的人，他们需要的钱比收藏名贵老式汽车的人少。是单身一人，还是有个大家庭要供养？他妻子有多讲究？她喜欢简朴的衣服，还是皮衣和珠宝？或者，她也许爱上自己的银行账号，那么，根据我的定义，她的丈夫永远不会是百万富翁。皮衣、汽车和珠宝是有界限的，总有一天会饱和，但银行账号不同，这是个漏水的桶子。

## 金钱的两种极端

钱，属于狂热追求金钱的人。他必须对金钱着迷，就像被魔法师催眠的蛇，但又必须和钱保持一定距离。一言以蔽之，他必须疯狂爱钱，又必须冷静对待钱。**正像船王欧纳西斯所言，大家不应跟在金钱后面跑，而是要面对金钱。**这尤其适用于证券市场，大家不应该跟着上涨的股价指数后面跑，而是要面对下跌的股价指数。

当然，对钱的狂热也会导致病态的贪婪，或病态的挥霍。有人有花钱的癖好，也有人有不断拥有金钱的瘾，特别是贪婪有时会产生疯狂的结果。亿万大富翁保罗·盖提是当时美国最富有的人，却因为要求客人不要在他公司打电话去电话亭打电话而出名。

在我经常光顾的咖啡厅，大家曾争论谁是全布达佩斯最吝啬的人，是巴尔干的烟草大王赫尔佐格男爵，还是拥有博物馆的艺术收藏家路德维希·恩斯特，两人都非常富有，拥有大量资产。大家甚至为此打赌，等着合适的机会，好一劳永逸澄清这个问题。机会终于来了，在一次纽十字会的募捐活动中，一位募捐人同时巧遇他们两人。他先把募捐盒递到赫尔佐格男爵面前，男爵心不甘情不愿地从皮夹里掏出面额最小的一枚硬币，漫不经心地扔到盒子里。关键性的重要时刻来临了，恩斯特会多给，还是少给呢？恩斯特只想了半秒钟，就以理所当然的语气说："我们是一起来的，这是我们两个人出的钱！"

更玩世不恭的是位名叫马叟·费雪的证券经纪人，他是我中学同学的父亲。有一天，在他的小办公室里，他听到代理人激动地大嚷着：

"不，不，我们没钱，我们没钱。请你离开。"

费雪从办公室冲出来问道："代理人先生，你在这里大叫什么？"

"绿先生这个叫花子跑来，想向我们募捐。"

"你怎么打发他的？"

"把他赶走，我说，我们没钱。"

"你赶快去追他，再把他带到这里来，"百万富翁费雪说。

当代理人追上绿先生时，绿先生还在楼梯间，非常高兴老板想见他，心想，这回也许会得到些什么。

绿先生走进办公室，费雪把钱柜打开，说道："你看看这些塞得满满的抽屉，我的代理人说什么？我们没钱？完全错了。我们有钱，有很多钱，但是我一分钱也不给你！"

蓝先生的故事也很有趣，他在咖啡厅向朋友抱怨："我妻子总是向我要钱。"

为了让蓝先生不再长吁短叹，一位同事问道："她要这么多钱干什么？"

"我不知道，"蓝先生回答："我一分钱也没给过她。"

这些故事的主人翁，从数字上来看，都是百万富翁，但我相信，过分吝啬不会成为百万富翁的，不管是从物质，还是从智慧看。过分看重金钱的人，不会投资，因为他害怕投资带来的风险。这正是德国人的问题，他们崇拜神圣的德国马克，所以让几十亿马克躺在存折上，而联邦银行过度吝啬的货币政策，一直妨碍德国创造第二次经济奇迹。

成为百万富翁，意味着独立，但十分吝啬的家伙永远无法独立，因为他总是被省钱的念头绑住。既不为自己买昂贵的汽车，也不会因为可以随时买车而高兴。对他们来说，单单花钱的念头都该被禁止。

有挥霍瘾的人又如何？他尽情享受生活，消费一切想要的东西，但同样也不独立，因为他要花光所有的钱，总是被迫购置新东西，于是，他依赖老板或客户，他们是他的财富来源。

对金钱的正确态度，介于这两种极端态度之间，但光是有正确的态度，并不能成为百万富翁。

根据我的经验，有三种迅速致富的方法：

**第一，带来财富的婚姻；**

**第二，幸运的商业点子；**

**第三，投机。**

当然，大家也可通过继承遗产，或中彩券迅速成为百万富翁，但这些方法和上述三种方法不同，都无法控制。有无数女人，也有无数男人，通过婚姻成为百万富翁，我可以举出上百个例子。

利用幸运的商业点子成为富翁，目前除了比尔·盖茨外，确实很难再联想到其他人名字。凭着一个想法和正确的感觉，盖茨成功地在30岁前，成为美国最富有的人。或许，我们会想到沃尔玛百货的山姆·华顿，或麦当劳的创始人。约在20

年前，我的同乡，天才工程师鲁比克发明了魔方，成为东欧的第一位百万富翁。不过单凭想法还不够，发明家的智慧还必须和商业头脑相结合。研制出可口可乐配方的药剂师，在出售这个全球闻名的饮料配方时，只赚了几美元。

对运用聪明的商业点子获得财富，我没有太多可说的，因为我擅长的领域一直是第三种——投机。

## 我是投机人士，始终如一

我曾经投机过各种证券、货币和原料、现金和期货，地点在华尔街、巴黎、法兰克福、苏黎世、东京、伦敦、布宜诺斯艾利斯、约翰内斯堡或上海。我投机各种股票、公债，包括社会主义国家的，还有可兑现的债券、各种货币（不管是稳定的，还是浮动的）、做鞋跟用的皮革、大豆和各种粮食作物、羊毛和棉花、制作汽车轮胎用的橡胶、鸡蛋和早餐吃的培根肉、咖啡和我非常喜欢的可可、威士忌、做领结用的丝绸、各种各样的金属（不论是贵金属，还是非贵重金属）。

但我不哄抬价格，因为我不仅在价格上涨时投机，也在价格滑落时投机。简言之，我投机各种东西，完全见风转舵，或视经济和政治局势而定；经济高度繁荣和衰退时，通货膨胀和通货紧缩，货币增值和贬值，各种时期我都经历过。自1924年以来，我的每个夜晚都投入在证券交易中。

很多新闻记者称我是证券交易教父，我一直不敢接受这个称谓。教父从来不犯错，而我肯定无法做到这点。我只是一位岁数大、有经验的交易老手。至于明天如何，我也不知道，但我知道昨天和今天发生的事，这就够了，我的许多同事甚至连这也不知道。在长达 80 年的证券交易中，我至少学到一点：投机是种艺术，而不是科学。和绘画艺术一样，大家在交易所中，也必须了解超写实主义，因为有时会头下脚上，和欣赏印象派的作品一样，永远无法看清轮廓。我宁可有些自知之明，称自己是“投机家”。我了解这个名词中的高尚含意，投机家是有识之士，是三思而后行的证券交易人士，能准确预测经济、政治和社会的发展趋势，并从中获利。

如何成为投机家？这有点像女子如何从事世上最古老的行业一样，开始时，出于好奇心，然后因为好玩，最后便只为了钱。投机家是种美妙的职业，但我必须承认，这不属于一般市民的职业，也不保证成功。这个职业意味着每天都要迎接新的知识挑战和不断地进行精神洗礼，这是我这样年纪的人士特别需要的。

遗憾的是，这种类型的投机家越来越少。大多数进入证券交易所的人意在疯狂赌博，不假思索地炒作来炒作去。长此以往，他们把许多交易所变成赌场，我承认：

做财政部长，我不行。

做银行家，我不想。

做投机家和股票族，这就是我。

回想当年，美国财政部长的职位我唾手可得。40 年代初，我生活在纽约，是年轻富有的股票族，为了躲避德军而逃离巴黎。当我来到这个国家，我感到无聊，不断看书、听音乐、看戏已经满足不了我。于是，我决定找份工作，即使没有工资也行，因为光靠利息我也活得很好。

加入高盛公司，我觉得是最好的主意。今天，这家公司已有130年的历史，是华尔街最富有的公司。当时，华特·沙奇这位迷人的老先生热情地接待了我，马上把我介绍给了人事部门的负责人。我向他们两人说出自己的愿望，告诉他们，我为躲避战争而逃离欧洲，随身携带了大量资金，对一个年轻人来说，十分可观。我说，我并不需要物质上的帮助，只想在像高盛这样有名望的公司中，和国际金融市场建立联系。

这番话决定了我的命运。几天后，我得到公司的答复：不！对已经相当富有的年轻人，他们无能为力。他们只雇用不惜一切代价向上爬的年轻人。如果我是名穷困、无助的流亡者，他们也许会接受我。过些日子，他们雇用了另一名年轻人，他后来成为高盛公司的合伙人，他的名字是罗伯特·鲁宾，现在是成绩卓越的美国财政部长，是几十年来第一位能够分配预算结余的人。

这个故事使我想到富有的黄先生。在他还很穷时，曾看了广告，到维也纳应征教堂辅祭一职。在那个时代，教堂辅祭必须会写字阅读，但黄先生是文盲，没有得到这个职位。难过之余，他用移民美国得到的微薄慰问金在芝加哥做生意，然后用积攒下来不多的钱创办了一家企业，一随着时间发展，公司规模越来越大。某家大集团买下他的企业，合约要签字时，出现了令人惊讶的事：黄先生不会签名。“老天，”买主的律师说：“假如您能写会读不知会成为什么样的人物?”

“很简单，”黄先生回答：“教堂辅祭!”

我能写会读，但只是一名投机者。我从来没有后悔过。

# 第二章 证券交易动物园

有钱的人，可以投机，

钱少的人，不可以投机，

根本没钱的人，必须投机。

早在证券交易所出现前，投机就存在了。某些人认为是资本主义让人变成了投机人士，这种论点完全错误。

历史上的第一次投机行为，是埃及的约瑟夫大法老所为。

约瑟夫这位聪慧且具洞察力的法老，从七个好年份和七个坏年份的梦中，作出正确结论。在好年景时，他囤积大批粮食，好在日后歉收的年份以高价投入市场。不过直到今天，大家仍不确定他是否在4000年前就已成为计划经济之父，知道储备余粮，度过后来的歉收；或只是历史上的第一位投机家，垄断商品，借以日后高价出售。

## 赌徒永远不死

在古罗马，地中海地区的金融中心，也很盛行投机风。人们大规模投机粮食和商品。罗马帝国的总督卡托消灭迦太基的疯狂政策，让当时的投机家相当紧张。迦太基是地中海世界的粮仓，史奇皮欧将军的士兵进入被毁的城市，大肆洗劫仓库和地窖。上千吨的粮食落入罗马人手中，再加上罗马本地粮食丰收，粮食价格先出现松动，继而直线跌到谷底。很多投机人士因此倾家荡产。

当然，历史上还有许多著名的人物也是投机家族的成员。发现万有引力，名留千古的牛顿也曾试过证券投机，只不过失败了，最后，牛顿甚至禁止别人在他面前提证券交易。伏尔泰曾和女朋友大谈有价证券和货币，长达几个小时之久。他也曾投机谷物和房地产，后来，更以外汇走私客身份走红当时。德国萨克森公国在王位继承战争期间，曾成立过一家银行，通过发行纸币资助战争。战争结束后，纸币价值下跌了 40%，腓特烈大帝却要求把所有掌握在普鲁士手中的纸币，以 100% 的原价兑换成银币。伏尔泰让人到德雷斯敦收购这种纸币，装在箱子里走私到普鲁士（今天，德国储户都提着箱子去卢森堡或瑞士），通过熟人向德雷斯敦索求银币。

波马谢、卡萨诺瓦、巴尔扎克都曾是狂热的证券玩家。巴尔扎克需要大量金钱来支付自己的生活方式，为此，巴尔扎克写长篇小说、短篇小说、杂文，总而言之，写一切可以带来金钱的东西。于是，他也成为投机人士，经常到罗特西德男爵家做客，听取投资点子。哲学家斯宾诺沙和经济学家李嘉图除了学术活动外，也都是狂热的投机家。

我当然不会错过 20 世纪最伟大的经济学家凯恩斯，在他的肖像下面，英国政府写下这段文字：“约翰·梅纳·凯恩斯爵士，不用工作而能成功获取财富。”1932 年，随着 1929 年传奇性的经济危机；经济大萧条达到谷底，这时，凯因斯大量投资美国股票，接踵而来的景气复苏，让他成为非常富有的人。凯因斯是少数在证券交易所中赚到钱的经济学家。

**只要人类存在，就有投机和投机家，不仅见诸过去，也见诸未来。**如果要我总结投机的历史，那我必须说，赌徒应运而生，不管他赌过、赚过或赔过，赌徒永远不死。

每次证券市场萧条，大家对股票和证交所都感到由衷的厌恶，但我坚信，之后都会出现新的时期，过去的一切伤痛会被遗忘，大家又像飞蛾扑火般，再次走进证交所。即使他们不是主动上门，证券交易经济也会从中推波助澜，第一个当然是金钱这个诱饵。

我常把投机人士比作酒鬼，在酩酊大醉后，他会感到难受，在第二天痛下决心，永不再拿起酒杯。但一到傍晚，他便又喝起鸡尾酒，一杯接着一杯，到了半夜时，他又像前天晚上一样酩酊大醉。

大家是否该跻身名人之列，也做个投机人士？

基本上，这取决于两件事，即物质条件和个人性格。关于第一个前提条件，我牢记一条座右铭：

**有钱的人，可以投机，**
**钱少的人，不可以投机，**
**根本没钱的人，必须投机。**

最后一句当然不完全正确。大家总是需要一定数量的钱，才能开始投机活动，但数量不一定要很多。在股票投资普及之前，德国流行一种观点，证券交易所只是富人的游乐场。这种看法完全错误。只要谁的看法正确，谁就有可能用很少的钱，创造可观利润。我说的“根本没钱”，是指钱少到连私人住宅都负担不起或无力养老的地步。

如果真的没钱，首先必须工作。在证券投机失败后，我好几次身无分文，甚至欠债，以至被迫重操旧业，作经纪人和顾问，赚取佣金，以脱离窘境。

根据我的理论，“很有钱”指的是那些已替自己和家庭做好一切准备的人。这里面包括子女教育金、养老金，如果可能，还有私人住宅。谁的家境如此，谁就可以进行投机的智力冒险活动，试着继续增加财富。只不过，他不可以迷上证券交易。证券交易所里没有输不掉的财产。大家应该还记得尼克·李森，短短几天时间，他就彻底毁掉名誉卓著的霸菱证券，或安德烈·雪铁龙，他在蒙地卡罗的赌桌上输掉自己的汽车公司。

身为一家之主，如果收入和财产只够买私人住宅和负担子女教育，就不可以投机。只有长期不需动用的资金，才可以拿去投资，而且要投资一流的股票，绝对避免投机。

投机人士必须具备的第二个条件，便是要能自由支配资金。不能到了证券交易所，然后对自己说，今后三年要用我的钱来投机，接着买房子，开公司等等。在证券交易所，事情从来不按牌理出牌。如果大家理解这一点，总有一天会得到回报，只是没人知道会在什么时候。而且，大家不该相信，可以通过投机获得固定收入。大家可能在证券交易所赢钱，甚至赢得大钱，变成富人，但也可能赔钱，赔很多钱，甚至破产，但不可能在证券交易所规规矩矩赚钱。

追根究底，只有德国人才会认真谈论“规规矩矩赚钱”。法国人讲赢钱，英国人说收割钱，美国人说造钱，而匈牙利人则是“我们到处找钱”。

具备了物质条件后，还必须有投机家的性格。这点毋庸置疑，敢走进证交所大厅，是得具备冒险精神的。证券交易所里，没有十拿九稳的胜仗。如果真能保证赢钱，就不会有人为了一小时后要赶到工厂上早班，而在清晨五点起床了。

至于投机家还需要哪些性格，读者可从本书中找到答案。但我必须先解释一下，根据我的定义，到底谁才称得上投机家？因为，所有在证券交易所交易的人早就不是投机家了。

## 经纪人：只管成交量

当德国新闻电视台报道法兰克福或纽约证券交易所的情况时，我们可以看到经纪人和交易员大声叫喊、四处奔跑。可惜，越来越多的经纪人和交易员现在都静悄悄坐在电脑前，说不定什么时候，原来证交大厅的独特气氛便会消失了。经纪人坐在办公室里和客户洽谈，建议客人继续委托代办交易，最重要的，是鼓吹他们不断进行新交易。

经纪人和交易员不靠股价指数的差价赚钱，而是按每笔交易向客户收取佣金。如果经纪人在一起聊天，他们首先谈的是成交量，然后才是发展趋势。有人讲过一个故事：一位客户去找经纪人，想听取一些建议。经纪人使出浑身解数，劝他继续买进 IBM 的股票。经纪人说完后，客户才察觉到自己原本是想卖掉 IBM 的股票。“原来如此，”经纪人说：“卖掉——这也不坏！”

可能因为我年轻时做过经纪人，所以我并不特别看重经纪人。他们大多是笨蛋，但为让证券交易所运转下去，经纪人的存在是必要的，他们把买主和卖主聚在一起，根据供需确定股价。大家可以如此描述和经纪人的关系，就像美国人对女人的评价一样：“你不能和她们生活在一起，但离开她们，你又活不下去。”

## 基金经理：几十亿资金的统治者

第二类职业证券人士是基金经理，包括大型投资公司的基金管理人和财物管理人。他们调动几十亿资金，但和证券经纪人一样，他们不是靠自己的资金，而是用客户的资金在工作。经理人及一群手下做准备工作的分析师，挑出好看的股票、债券或原料，以获取报酬。整体来看，他们毫无成就，因为只有极少数的基金经理，能不断超越平均指数，获取更高利润。

## 金融巨子：大庄家

不是每个用自己资金操作的证券投资人都算投机家。

有些资产非常雄厚的金融巨子，以几亿元，甚至几十亿元在进行交易。他们总是全力以赴，投入所发起的交易活动，以确保自己获利，并策划合并和收购其他公司。他一旦拥有某家公司的股份，便积极干预公司的管理体系，或解散看不顺眼的管理阶层。面对各种激烈活动，他的生活变得十分不安。如果他开办企业，就会到证券交易所去筹措必要的资金。甚至他想掌控的那些公司，也是通过证券交易所取得控制权。他的目标总是集中在特定的交易中，他的买或卖都会导致大地震，影响整个证券市场。

## 套汇者：绝迹的投机人士

套汇指的是时间或空间上的投机行为。时间上的投机，指的是今天买，然后过一阵子用更高的价格卖出，或反过来，今天卖掉，以后再用便宜的价格买回来（即卖空）。另一种是空间上的投机，指的是同时在一个地方买，另一个地方卖。交易过程中，套汇者必须取得超过交易手续费的差价，才会获利。和传统的投机人士相比，套汇者的好处是没有任何风险。因为，只有当两个证券交易所出现差价时，套汇者才会委托经纪人进行交易。他事先就知道利润有多少，因此，套汇者必须专注在蝇头小利上，时时刻刻关注行情。

不过，这类投机人士今天已经绝迹。在现代化的通信时代，东京、伦敦、法兰克福和纽约的所有讯息和资料，皆唾手可及，今时今日，甚至可以通过电脑网络，在自己的卧室里读取讯息。指数差价微乎其微，几秒之内，就可迅速弥平。最多是经纪人可利用0.1%的细微差价，因为除了交易手续费外，他们不用支付佣金。在今天这个时代，独立的投机人士在两个交易地点间，甚至找不到能够补足一半手续费的指数差价。

在我当经纪人的年代，情景截然不同。当时，伦敦和巴黎间，套汇交易频繁。上百种有价证券在两个市场上市，特别是南美的金矿和国际石油公司。当时，套汇成功的关键在迅速接通电话。谁先接通伦敦的经纪人，或是接通巴黎的经纪人，谁就能利用两个交易地点出现的差价，得到贴补。某些套汇者甚至向女接线生行贿，因当时还没有自动拨接。他们送接线生巧克力、糖果或香水。有些人甚至邀她们吃饭，和她们谈恋爱。这样一来，便出现了几桩投机家和女接线生成婚的事。当时流行一首歌，我还记得歌中不断重复的一句歌词："哈罗，可爱的接线精灵，告诉我，现在美元的行情。"

专门从事这种交易的同行都是真正的套汇者，但把这个名称用在 1986 年爆发的、以依凡·伯斯基为核心的内线交易成员上，是完全错误的，电影《华尔街》中主角戈登·盖柯便以伯斯基为范本创造出来的。他们虽然取得内线消息，比别人抢先一步，但还只是时间上的投机家，而不是空间上的投机家。

## 证券玩家：证交所中的赌徒

有种人，即所谓的证券玩家，肯定永不会消失，而且只会越来越多，让我感到遗憾。我之所以如此称呼他们，乃是因为照我的定义，他们不配冠上投机家的称号，虽然一般大众和新闻记者都以此称呼他们，证券玩家连最小的指数波动都企图利用。他在股价 101 时，买进某种股票，然后在股价升到 103

时，就卖掉。接着，他再在股价 90 时，买进另一种股票，然后在 91.5 时，又再卖掉。

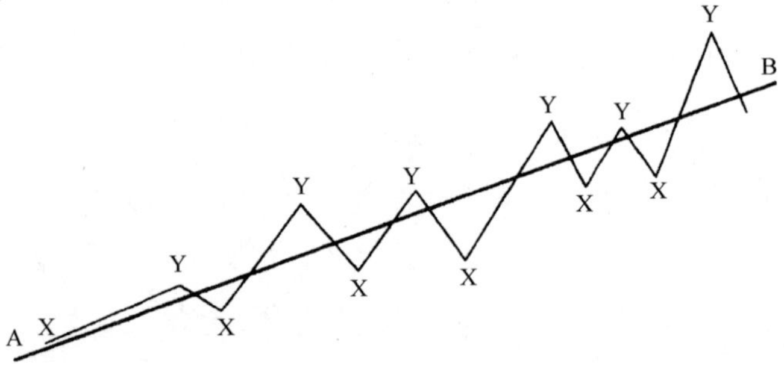


我们假设这条曲线代表某一特定时段内的股价指数变化。从事短线交易的证券玩家上演一套杂技节目，每次都要在 X 和 Y 之间获利。短期内，他可以获得成效。如果他只对上涨的股价指数进行投机，而同时股市也普遍看涨，那他逮到股价指数上涨的机会就相对大一些。但要在 X 和 Y 间逮到波动的正确时机，相当少见。长期来看，玩家迟早会在股价持平或下跌时破产。但他是赌徒，没有任何思索分析，没有任何战略，举止就像玩轮盘赌的人，从一张赌桌跑到另一张赌桌。

每个证券玩家在此都会反驳我的看法，他们当然有图表和分析软件，告诉他们必须在什么时候买进，什么时候卖出。**但任何一个软件顶多只和它的程序设计者一样聪明。**在我近 80 年的证券交易经验中，从未认识过任何长期获利的证券玩家。银行和经纪人总是千方百计想把客户变成证券玩家。他们大肆宣传当日冲销，通过电脑网络，每位散户投机家都可在“第一时间”进行交易。许多在德国电信上市前获利，却没有经验的投资散户，都被诱入证券游戏中。我认为这种行径难被谅解，而且也不道德，德国也像美国的证交所一样，提供交易室，让从事当日冲销的人士可以租用办公。文章中提到一位女理发师辞掉工作，因为她作股票赚的钱比工作时更多。

这些幼稚的投资人相信，在不断买进卖出的激烈交易中，他们和那些早把证交所变成赌场的大型机构享有相同的机会，不只股市，也包括外汇、原料和债券市场。大型机构用高薪雇用哈佛、圣加伦或伦敦经济学院的毕业生，让他们用几十亿美元在债券、股票或外汇交易中赌博。特别是外汇市场，更是不按牌理出牌。24 小时内，上兆亿美元在全球流通。最多，只有成交量的 3% 会用于进出口业务的结算和担保，剩下的全投入这场游戏中。

《国际前锋论坛报》曾采访了两名最成功的纽约外汇交易员。他们承认自己不是在一小时，而是在两分钟的时间上投机。而他们任职的金融机构，甚至认为这种游戏值得一玩。1986 年，我曾在布莱梅对外汇交易员演讲。演讲结束后，我和一位年轻的女交易员聊了起来，她向我证实，她在一天中把几百万美元挪来挪去。

我问她："你的获利目标是多少？""几千马克。"这就是答案。大家投入 100 万美元，为了赚 100 马克，如果白天多重复几次，也许就能凑到几千马克。这些交易员和他们雇主的想法，和古代匈牙利因谋杀而受法庭审判的流浪汉的想法很像。"仅仅为了两个金币就杀死一个人，你难道不感到羞耻吗?"法官问道，流浪汉深思熟虑后回答道："可是，尊敬的法官大人，这里两个金币，那里两个金币，慢慢就积少成多了。"

我问那位布莱梅外汇交易员，如何决定买还是卖，她的回答意味深远："别人怎么作，我就跟着作。"难道就为了这个，大家必须在世界最昂贵的大学里苦读吗？为了和其他乌合之众同流合污，而在两分钟的时间上投机？有一次，我问德国一家大银行的外汇部经理，他手下的交易员懂不懂货币。“我想不懂，”他说：“但这也不重要，他们只需要知道美元10分钟后的行情。”我问他如何防止两名交易员，在同时间用100万走长线，用100万炒短线，他解释说，这不成问题，重要的是，每个交易员最后都赚到钱。我无法证实这点，但我肯定，这些黄金交易员多数的失败纪录，都被小心隐瞒起来了。

不过，我也要为这些证券玩家说些好话。我十分厌恶他们，但同样地，我也十分需要他们。对于正常运作的证券交易所，他们有必要存在，假如他们不存在，大家便必须创造出来。玩家越多，市场越大，流动资金越多，也更容易在行情上扬及下跌中，发现和控制市场的震荡。每当某种股价疲软，都会出现新的买主，保护市场遭重挫。同样，当某种股价上涨，也会出现新的卖主，影响市场，抑制行情暴涨。他们就像引擎的汽缸，汽缸越多，引擎运转越顺畅。只有通过证券玩家，才能确保大家在每个交易日子，不会因为指数已经出现向下的压力，而无法兑现。所以，上百万的证券玩家完全有必要存在，如果市场上只有买进股票，然后就保留几十年的投资者，市场将会完全没有流动资金。

## 投资者：证券市场中的长跑者

投资者和证券玩家刚好相反。他买股票，然后留个几十年，当成养老金，或当成留给子女或孙子的财产。他从不看指数，对指数不感兴趣，即使股市崩盘，也任由它去。他将资金长期投资于股票，一直投资下去。即使萧条时期，也不减少股票的投资比率。

投资者把宝押在绩优股上，涵盖各行各业，涉及多个国家。他不会过度看重或挑选特殊的未来行业，很多投资者根据本国或其他国家的股票指数选择股票。也因此，指数基金越来越受欢迎，过去几年内，积累了几十亿美元。对投资者来说，投资绩优股，是最方便的方法。

今天，最大的投资者是美国和英国的退休基金管理机构，他们管理的资金数额巨大，被迫长期持有股票，因为无法在不影响股价指数的情况下兑换现金。对退休的人来说，这是十分幸运的事，如果基金管理人能重新支配基金，表现肯定不会像现在这样好。

从另一方面来看，投资者和证券玩家也截然不同。长期来看，证券玩家永远是输家，而投资者，不管他何时进入证券市场，从长远来看，都属于赢家，至少过去一直如此，因为从股票总体情况来看，崩盘之后，总会不断达到新高纪录。

我承认，投资者用少量金额，不会在短期内成为百万富翁，但长期来看，他却能够累积出巨额财产。世界上最著名的投资者沃伦·巴菲特，通过投资成为美国第二富有的人。尽管如此，大多数的投机人士仍然以为只有不断买进卖出，才能赚大钱。

这几年来，我也加入投资者阵营。我觉得现在从事投机活动已经太老了。况且，我总是四处奔波，从一个演讲会和访问，到下一个演讲会和访问，还要忙着写专栏和出书，已经没有多余的时间去关心股票了。现在，我持有 500 多种不同的股票，也好几年没有卖掉任何一种股票，只不过继续买进一些。

我该诚实建议每位读者加入投资者的行列。在从事证券交易的人当中，以平均水准来看，投资者的表现最好，因为即使是投机家，也只有少数是赢家。如果我的话够权威，能让读者盲目听从（但我对此不抱幻想），本书到此也可结束了。但是，“赌徒”在我们心中蠢蠢欲动，谁能比我更了解投机活动的刺激所在。80 年来，我一直是位精力充沛的投机家，穿梭在全世界的原料、外汇和证券交易所。正确分析形势及不同于一般看法的观点得到确认所带给我的快乐，远比物质上的利润大得多。所以我想告诉大家，是什么因素导致一名精力充沛的投机家不同于金融家、投资者和证券玩家。

## 投机家：有远见的战略家

大家也许会说，投机家便是介于证券玩家和投资者之间。当然，界限并非泾渭分明。不同于投资者，投机家对各种新闻都感兴趣，但这并不表示，他会像证券玩家那样，对任何新闻都有反应。如果投机家对上涨的指数进行投机，但由于某个偶然事件，行情暂时下跌，例如，美国总统心脏病突发（艾森豪威尔总统 1955 年心脏病突发），或南美遭受地震，这时投机家不会马上推翻自己的投机理念。只有当消息影响深远，动摇了预测基础，推翻原来的假设，才会重新规划。投机家不在意 X 和 Y 之间细微的指数波动，他只跟随趋势，即从 A 到 B 的变化角度。有远见的投机家密切注意各种基本因素，如金融和贷款政策、利率、经济扩充、国际局势、贸易收支、经营报告等，不会受到次要的日常新闻影响。他制定周密的计划和策略，根据每天发生的事件进行调整。**总而言之，投机者有想法，不管正不正确，毕竟是个想法。这是投机家和证券玩家的基本差异。**

金融巨子无疑也密切依循自己的策略，也有自己的想法，和他们相比，投机家便显得被动。投机家不会导致指数震荡，只试图从中获利，他不会撤换公司的管理阶层，只会把这家公司的股票卖掉。何等尊贵的职业！他的想法和古罗马诗人荷拉兹一样："远离商业经营的人，何等快乐。"不用和大众接触，不必在做"下等"工作时弄脏手指，远离贸易商品和灰尘弥漫的仓库，不用天天和生意人争吵。投机家可以全神贯注，深思熟虑，在缭绕的雪茄烟雾中，舒舒服服坐在摇椅里，潜心思考，远离尘世喧嚣。他的工具触手可及，非常简单，一部电话，一台电视，今天当然还有电脑网络和几份报纸。但他也有自己的秘密，他懂得在字里行间读出秘密。

投机家没有雇员，没有老板，不必不时笑容可掬地向别人问好，也不必像银行家或经纪人那样忍受神经质的客户。他不必游说别人买东西，他是贵族，可以自由支配自己及自己的时间，难怪许多人羡慕他们。

但投机家生活危机重重，不得不像鳄鱼一样，要习惯睁着眼睛睡觉。投机行径就像一段危险的航海旅行，航行在发财和破产之间。大家需要一艘适合远航的船和一位聪明的舵手。这艘船指的是什么？是资金和耐心及坚强的神经。至于谁是聪明的舵手？当然是经验丰富，能独立思考的人。巴尔扎克在一篇关于《高雅生活》的文章里写到，世上有三种人，工作的人、思考的人和无所事事的人。真正的投机家是思考的人，但很多人却认为投机家是不用工作的人。

如果大家一定要提到职业，证券投机家这种职业，一方面像新闻记者，另一方面又像医生。投机家像新闻记者一样，靠着自己追踪收集来的新闻为生。新闻记者撰写新闻，而投机家分析新闻，然后又必须像医生一样，作出诊断。诊断最重要，没有诊断，医生就无法进行治疗。于是，就像医生通过各种检查，仔细研究病人病情一样，投机家必须通过仔细研究世界经济形势、利率和财政政策等状况得出全貌，作出诊断，接着才知道如何进行投资。如果事情的发展和诊断不同，或用医生的话说，治疗没有疗效时，就必须重新诊断。

三种人当中，只有新闻记者可以一再出错，依然能一直担任记者一职。如果医生不断出错，总有一天会失去病人，而投机家则会破产。但我还是十分尊重新闻记者，我认为他们的职业非常迷人，所以到了晚年，我也干起了这行。但不容置疑，新闻记者的风险，不能和投机家的风险相比，因为后者的命运更像是在走钢丝。这两种职业有一共同点，他们都知道“只施舍一点，等于没有施舍”，都要具备敏锐的眼光，受过良好的教育，生活经验丰富，对所从事的职业有绝对的热情。有人天生就是投机家、医生或新闻记者，就像有人天生就是哲学家一样，哪怕只是不重要的哲学家。

但有一点，投机家和新闻记者，特别是医生这种职业，是有所差别的。任何学校都教不出投机家，因为投机家的工具，除了经验外，还是经验。我不会用我 80 年的经验，去换取相当我体重的黄金，对我来说，无论如何都不划算。

在这 80 年里，我最宝贵的经验得自损失惨重的交易。所以我要说，一名证券投机家，如果一生没有至少破产两次，就称不上投机家。证券交易所就像一间昏暗的房间，那些几十年来一直待在屋子里的人，肯定比不久前才进来的人，更熟悉这房间。

亏损和获利形影不离，而且终生陪伴着投机家。**成功的投机家在100次交易中，获利51次，亏损49次，他就靠这差数为生。**这种关系也许有些夸张，却恰当体现了我的看法。不过，每次交易上的亏损，同时也是经验上的获利。只有仔细分析失败，才能从中获利。况且，亏损严重的投机活动要比获利的投机活动更值得分析，这是本质的问题。大家在证券交易市场获利时，会觉得自己受到认可，感觉飘在云端，于是体会不到自己还须继续学习。只有惨败才会让人回到现实，这时就必须诊断出错误所在。

这是成为成功的投机家而不是研究经济学的唯一途径。我甚至会说，如果谁学了经济学，而想进入证券市场，就必须把之前学过的东西彻底忘掉，因为这是一种负担。经济学家连预测经济发展的趋势都告失败，又怎能预测证券交易？过去25年中，我在各大学做过无数演讲，每一次我都这么说。当然，讲堂里80%的座位上，坐的都是学习企业管理和经济学的学生。学生把这当成一种幽默，只有某些教授恶狠狠地看着我。接着，我又继续说："我知道，教授认为我是江湖骗子。但好的江湖骗子，总比糟糕的教授强得多。"

经济学家只会计算，不会思考。他们的统计不仅错误，也发现不了数字背后隐藏的东西。他们懂得从书本上学到的所有东西，却忽略其中的关联。他们的理论早在我那个时代便已不实用，更不用说现在了。如果我和某个证交所的同行聊天，两句话后，就能发现他是学经济的。他的论点和分析被禁锢在紧身衣里，不能挣脱出来。

我不是唯一持这种观点的人。巴黎证交所中的第二大证券公司总是把获得经济学硕士学位的求职者搁在一边，理由是他们耳不聪、目不明，不仅不会从全球角度考虑问题，而且还自以为是。大多数的银行和证券公司还未有此体验，因此未对他们平庸的表现感到惊异。已经担任基金管理人、交易员或分析员的经济学者，我建议他们像那位待我如父的朋友，经济学教授亚伯特·汉般处事。他留下四千万美元，对自己投机成功的原因，讲得很简单，但也很实在："我根本不在意自己当教授时说过的那些蠢话！"

# 第三章 凭什么投机

只要有想象力，
老的东西，甚至老古董，
都有机会再翻身。

说到投机，许多人最先想到的是股票，股票已经成为投机和证券交易所的代名词。我也一再谈到和写过证券交易所或投机的事，指的当然是股票投机。但在80年的“证券投机生涯”中，我早已不只对股票进行投机。我的大量获利是靠债券赚来的，但我在外汇和原料市场也很活跃，也在有形资产交易中累积经验。

投机家中的世界主义者，不仅分析和观察本国的股票市场，也分析和观察全球发生的事，像国际政治局势、大规模资金流向、工业大国的内政和外交政策、世界银行和国际货币基金组织的决议、巴黎俱乐部的债务谈判、新的技术发展、巴勒斯坦问题，甚至巴西和中国的天气。

每当某个地方出现机会，某种商品、货币、债券或股票的价格和正常价值之间出现差异，投机家便忙碌起来，等候市场在某个时候弥平差异。重大的机会不是每天都有，所以不该只把股票当成投机对象，例如我就曾利用债券做出最成功的投机。

## 债券：比你所知还重要的标的

债券也称利率固定的有价债券，是大多数储户印象中的保险投资手段。以公债为例，只要买下有保障的债务人的债券，一直等到债券到期，根本不用冒赔钱的风险。购买公债的人总能以票而价值兑现，而购买公债时计算好的利率，对债券持有人来说，也是种保障。

但在债券期限内，可能发生很多事情。很多债券的期限长达 10 年，甚至 30 年。这段时间，长期债券的利率有时波动得很厉害，特别是 20 世纪 70 和 80 年代，都经历过金融市场的强烈震荡。70 年代，有些债券跌了 40%，而 80 年代又涨了两倍。债券在美国叫公司债券，是可交易的，所以债券行情会和实际利率状况相对应。如果货币市场利率，从 10% 跌到 7%，一种票息 10% 的债券就会一直上涨，让购买者获得 7% 的利润，就和其他新发行的证券一样。

证券玩家、大投机家、长期基金、银行和保险公司，纷纷动用几十亿的巨额资金对利率变化进行投机。1994 年，美国加州的橘郡竟然也加入投机，结果很快就破产了。

期货市场上，投机和赌博所需的金额极小，当利率只在十位数波动时，投资者就已经获利了。价值 10 万美元的债券，只需 2000 美元的保证金就能进行交易。

若想对长期的利率变化进行投机，最好用股票来作。因为对于债券市场出现的巨大变化，证券交易市场最晚要在 12 个月后才会作出反应，这时股票的获利要比之前债券的获利明显多了。

还有一种债券投机方法，我所提的最成功的投机，指的就是这种方法。这里所指的不是有保障的债务人所提供的债务凭证，而是涉及未付清，但债务关系已经解除的证券。我最后一次令人非常骄傲的投机，就是这种债券投机，其中某些债券甚至比我还老。

事情始于 1989 年，苏联总书记戈尔巴乔夫和美国总统里根举行过多次高峰会谈，两强间的紧张关系明显缓和，当时我有一种预感，戈尔巴乔夫这小子有一天会想向西方强国发行价值几十亿美元的巨额公债，这笔贷款肯定会被接受，只不过会以俄罗斯至少得清偿沙皇时代旧的债务为条件。

而且我还确信，从长远看，俄罗斯人也能支付。俄罗斯是自然资源非常丰富的国家，据我所知，俄国拥有世界总储量 50% 的煤，32% 的天然气，还有 100 亿吨的石油，是世界上最大的铁和铝的生产国之一。俄罗斯人每年开采 150 吨黄金，还拥有富含 700 万克拉的钻石矿层。此外，他们的付款信用堪称一流，苏联总是准时支付所有债务，虽然当时（现在尤其如此）国家缺少流动资金。

于是，我打电话给一位认识的专门处理这类过期证券的交易员，请他帮我买进 1822 年至 1910 年间沙皇时代的旧债券。这些债券虽然仍以小额的成交量在交易所交易，但是自从列宁在 1917 年宣布新成立的苏联政府不承担沙皇政府债务后，价格已跌到票面价的 0.25% 至 1% 。许多债券根本已经随着旧报纸扔进垃圾堆了。

第一次的成功在 1991 年就来了。当时还是总书记的戈尔巴乔夫在巴黎和法国总统密特朗会谈时，正式承认这些债务。随后，沙皇时代旧债券的交易快速。随着交易活跃，这些债券迅速攀升至 21%，即用 60 法郎买到票面价值 500 法郎的债券。尽管如此，我并未指望换取现金，我想，为什么不在行情大幅下跌时，将之换成新的债券或私有化企业的股票。几年过去了，苏联解体，戈尔巴乔夫被历史的风暴卷走了。

1996 年，我的预感实现。“一切都在生活中应验了，甚至包括大家所希望的一切”，法国哲学家班哈德·勒·波维耶曾经说过。

俄罗斯希望在欧洲债券市场上，发行 20 亿美元的巨额公债，但法国政府要求俄罗斯在此之前，必须找到沙皇时代旧债务的解决办法。这些债券 100 年前在法国出售，其中大部分还一直掌握在继承自父母或祖父母的法国储户手中。多年来，法国人的要求一直没有结果。但是现在，他们有了施压的武器，可以发挥作用了。

1996 年 11 月 27 日，俄罗斯总统在巴黎签署合约，规定赔偿 20 亿法郎，这意味着每股为 500 金法郎的债券，大约要赔偿 300 法郎。对法国储户来说这并不够，他们算过，按金法郎计算，连本带利，每股债券价值两万法郎，但对用每股五法郎买进债券的我来说，意味着几乎获利 60 倍。

债券分四期还清，俄国人已经支付了两期，每次我都吃鱼子酱，喝伏特加酒来庆祝。我曾经写过，旧俄罗斯有不少出身低微的女舞蹈演员，后来飞黄腾达成为女公爵。现在，沙皇时代的旧债券也让人尝到这种成就。

也许有人会问我如何有这种预感，我想用一件趣闻，来回答这个问题。当我还是年轻人时，曾经学过开车，汽车教练跟我说："你永远学不会开车！""为什么？"我吃惊地问。"因为你总是盯着方向盘。你应该把头抬起来，看前方300米的地方。"从那以后，我坐在方向盘前，就变了一个人。在证券交易所里，大家也必须如此。

过去几年中，如果有人问我是否在所谓的新兴市场中投机，我总是回答："是的，在沙皇时代的旧债券上投机。"大多数投资者和基金管理人认为这是老人的胡思乱想，我从他们脸上看出他们的想法。只有天普顿公司的新兴市场投资专家莫比尔斯对此感兴趣。我在法兰克福的一个会议上遇见他，几星期后，他打电话到我办公室，向我打听在哪可以买到债券。他是否真的做了，我不知道，我敢打赌没有哪位经济学者和基金管理人会有这种想象力。

我很容易相信这种预感，因为我已经有过投机贬值公债获得成功的经历，那是我在战后购买的德国青年公债。德国战后成为一片废墟，根本无力偿还，但我相信德国人的美德和总理阿德劳尔，我坚信德国总有一天能够清偿债务。

阿德劳尔是伟大的政治家，比我原先期望的还要伟大，因为他偿还用法郎核算的青年公债时，是比照美元和英镑的。法郎在战争期间彻底贬值，阿德劳尔预见到德法之间的友谊，他说："我付给英国人挺升的英镑，付给美国人挺升的美元，不能付给法国人贬值的法郎！"对我来说，这句话意味着140倍的金钱。

## 外汇：过去比现在更有意思

1924 年春，我的父母到巴黎短期休假。我们住在布达佩斯，只要我父亲在巴黎，总不忘去看望他的老友亚历山大先生，他是巴黎商品交易所的经纪人。亚历山大也向父亲打听孩子们的近况。当他们提到我时，我父亲告诉他，小儿子安德烈正在学习哲学和艺术史。亚历山大先生近乎吃惊地问着："什么？干什么呢？他想成为诗人吗？你让他到巴黎来找我，他能学到更多的东西！我还要给你一个建议，"他说："你可以对法国法郎贬值进行投机。"第一个建议太棒了，第二个建议则不太好。

对法郎进行投机的主意，并不是亚历山大想出来的，这种投机的始作俑者是曼海姆和卡斯提裘尼。曼海姆是通货膨胀时期的幸运儿，1918 年战争结束后，他们利用彻底贬值的德国马克发了财。

曼海姆来自斯图加特，是位股商之子，1914 年之前，曼海姆就在巴黎一家专对俄国做出口贸易的公司学习银行业务。战争爆发后，他回到德国，和德国银行建立联系。战争刚结束，银行将曼海姆派往阿姆斯特丹，即当时中立国最重要的金融市场所在，以熟悉国际银行业务的行家身份，在外汇市场上处理德国马克。在马克贬值那几年，曼海姆的任务便是利用灵活的外汇交易，维持德国马克。就这样，他成为阿姆斯特丹的大经纪人，非常成功，当德国马克几乎跌到一文不值时，曼海姆却为自己赚进大笔财产。德国马克的崩溃，当然不是曼海姆的错，有许多其他因素，但他却从中获利。

几年后，曼海姆用赚来的钱成立柏林孟德尔森公司的荷兰分公司，同时，他也成为法国和比利时政府的银行家。身为当时阿姆斯特丹重要金融市场上的无冕之王，他让我这个初生之犊，留下深刻印象，那时，我还无法预见到他悲惨的结局。曼海姆在第二次世界大战爆发前几个星期去世，两天后，他的银行宣布破产，是当时最大的破产案。

和曼海姆一起进行法郎投机的同谋是卡斯提袞尼，一位特利斯特城犹太经师之子，也是奥地利通货膨胀时最有名的获利者。1914 年之前，卡斯提袞尼担任山培力轮胎厂的业务推销员，战争结束后，卡提袞尼发现货币贬值可能带来的巨大机会，而且充分利用这一机会。卡斯提袞尼在奥地利以贷款方式购买有形资产，不管价格，也不管来自哪个行业，然后再用一钱不值的钞票来偿还这笔债务。

这段时间，卡斯提袞尼成为维也纳的传奇人物，大家都知道他。我还清楚记得，大约在 1932 年前后，我们经常一起去维也纳附近的赛莫林避暑。那时，只要他一走进火车站的大厅或饭店餐厅时，每次都会见到人们凑在一起交头接耳，满怀敬畏之心，窃窃私语着：“这就是卡斯提袞尼。”他享受生活，就像王侯一样，住在漂亮的奥涅根王子大街上的城中宫殿，大街拐角就是罗特希尔德宫；他还是艺术活动的赞助人，收藏许多珍贵名画，首次萨尔斯堡艺术节就是他赞助开办的。

尽管有过成功，但卡斯提袞尼一生，还是像一般投机人士那样，以戏剧性的失败告终，并把数百个和他一起投机的人和外汇玩家一起推入深渊。导致这次毁灭的，正是他和朋友曼海姆一起针对法郎贬值的投机。

这场失败的法郎战役，一直是外汇投机史上一段十分有趣的历史。

卡斯提裘尼的工作人员内尔肯，几年前曾对我说明这次的投机计划。1924 年 2 月，曼海姆到维也纳，在卡斯提裘尼家做客，席间，卡斯提裘尼对曼海姆说："我们做笔法郎生意吧！绝对十拿九稳。德国马克和瑞士法郎的情形，肯定会在法国重演。法国虽然胜利，却输掉了战争，早已失血殆尽。这个国家虽然拥有黄金，但是经济已经垮了，法郎无法维持下去，我们一起卖空一亿法郎，我还可以再借一亿法郎，把付款期限延后几年。"

虽然曼海姆开始时有些担心，但最后还是和卡斯提裘尼携手合作。后来，又有其他银行家和来自阿姆斯特丹、瑞士、维也纳及其他许多金融中心的投机家加入，形成投机法郎贬值联合团体。

大家在巴塞尔、阿姆斯特丹、日内瓦、马德里、纽约和伦敦，以 3 个月或 6 个月的交货期，疯狂卖出法郎，并竭尽全力大借法郎，在巴黎交易所预购美元、英镑及外国股票（金矿、国际石油证券等等）。同时，他们还通过新闻机构，散布法国金融状况的警讯。听到这些消息，连法国民众也起而购买外国证券，加速法国资金出口，反过来压低法郎行情。

如此引起连锁反应，法郎下跌，增加众人悲观的情绪，而悲观情绪又导致大家继续出售法郎，短短几个月内，在巴塞尔，法郎从折合 30 瑞士分，跌到低于 20 分。法郎的警讯迅速传播，特别是在维也纳，维也纳的银行家，不论是大机构，还是小"店铺"，都鼓励大家投机法郎。维也纳民众把自己和令人钦佩的卡斯提裘尼绑在一起，商人、工业家，只要稍稍沾上一点投机热的人，都想加入。因为，也没有其他可玩的了。

维也纳的股票交易已经连续几个月下跌，对“赌徒”来说，只剩贬值的法郎是个卖点，每个人都想加入。最后甚至连法兰克福、布拉格和布达佩斯也受到感染。

维也纳的交易所里甚至发展成正规的法国法郎外汇交易，大家用几亿元进行交易。还从法国以贷款方式购买任何商品，像足够喝上多年数量庞大的葡萄酒、香槟酒，还有根本找不到买主的顶级豪华轿车。我的朋友买下一家瓷器厂，尽管他们对瓷器的了解和我对中国文字的了解一样少，但无所谓，重要的是人家都用贷款购买所有商品。

在巴黎商品期货交易市场中进行的投机规模也很大，橡胶、油菜籽、小麦，但最主要的长期期货是糖。有一点可以确定的是，只要法郎下跌，所有这商品都会升值。

基本上，这些交易并非商品交易，纯粹是外汇投机，与20世纪70年代美国商品交易市场对美元进行的投机完全一样。法兰西银行、法国政治家及专家，惊讶地追踪围绕国家货币的不法行为。在巴黎，美元越涨越高，从战前5法郎兑换1美元的汇率，涨到15法郎和20法郎兑换1美元，最后，1926年3月，更达到疯狂的28法郎兑换1美元的高价。这时，法国政府终于决定授权费荷银行在外汇市场进行干预，以支撑法郎。

费荷银行接下授权，在所有市场上收购被抛售的法郎。后来有消息传出，说纽约的摩根银行提供1亿美元（今天，这笔钱相当于20亿美元）贷款给法兰西银行用于干预，这时气球终于爆了。投机法郎的人士陷入恐慌之中，市场在几小时内迅速改变方向，突然间全世界都想买法郎。从巴塞尔、阿姆斯特丹、日内瓦、维也纳及其他地方，纷纷发出购买订单，金额达几百万元，市场上掀起一股反向风暴。在短短几天内，就从大约28法郎兑1美元跌回到1924年3月8日的1美元兑15法郎，法国货币得救了。

对其他人例如维也纳人来说，这却是所谓的“法郎崩盘”，但崩溃的不是法郎，而是他们自己。

整个维也纳和布拉格都破产了，甚至连有钱的阿姆斯特丹银行家也损失惨重，他们之中有些人陷入困境，因为那些法郎债务，不管是用在外汇交易，还是购买葡萄酒、顶级高级轿车或瓷器厂，现在都必须以双倍的价钱偿还。几百家公司，其中很多是进口商、银行家、经纪人，都不得不冻结资产，因为他们的客户都赔光了储蓄，无力支付投机的差额。

最大的输家当然是卡斯提裘尼，随着这次失败，他的事业开始走下坡，慢慢地被人遗忘。二次世界大战后，卡斯提裘尼在意大利重新出现，但再也没发挥任何影响。

我父亲也蒙受损失，但他所受的打击，并没有曼海姆或卡斯提裘尼那么大。把我送到巴黎去的第一个建议，绰绰有余地弥补了第二个建议的损失。多亏在巴黎所受的教育和以后的经历，我才能够资助在第二次世界大战后丧失全部财产的父母，得以在瑞士安享晚年。我讲这个故事，是想告诉大家，以前的外汇市场曾经多么如诗如画。

我自己也曾经在外汇上投机过无数次。在实行外汇管制、外汇规定和货币封锁政策的时候，外汇市场的机会更大、更有意思。只要谁更机智、更富想象力，就可在各种货币间进行套汇。

今天，外汇市场是大玩家的游戏场，因为银行、保险公司和长期基金把外汇市场变成赌场，而且货币种类越来越少。引进欧元后，法郎和德国马克之间的投机成为历史，但前提条件是欧元要挺得住。

原则上，只有少数货币可供小资本的投机人士做期货交易。为了获得数量相等的外国货币，大家必须和相关国家保持特殊的联系。现在，也许在美洲或东欧小国，还存在些有趣的机会，但这方面，我不是专家。

谁若要进行重要货币的投机，就是和几万名大大小小的赌徒和投机人士竞争。世界上每个人都可以同时得到相关讯息，如果某个统计数字比预期好，大家便朝那个方向跑，如果比预期差，大家又跑往相反方向。

发现某种货币行情和正常价值间的差价，越来越难了，即使发现了差价，用处也不大。外汇市场被短期炒作控制住了，完全走样，所以某种货币可能要持续几年，才能达到正常行情。例如，我个人就认为，美元近 15 年来一直被低估了。

每个投机人士必须清楚一点，在外汇投机中，每笔买空交易都有一笔卖空交易相对应，总是一个人赔钱，而另一个人赚钱。股票则完全不同，如果股票像过去几十年那样，持续上涨，把风险分散开的股票持有人就会获利。只有作卖空投机的人才会赔钱，但相对于所有股票持有者来说，他们只占极少数。

## 原料：投机家对投机家

原料投机中，长线（买入）总有短线（卖出）相对应。一位投机人士把赌注押在价格上涨上，就会有另一位投机人士押价格下跌，这是个充满巨大风险的交易。一般情况下，投机期货意味着只需投入相对少量的金钱，大量购买铜、小麦或诸如此类的东西，在这种情况下，支付的金额不是买价，而是为将来发生的交易所支付的一种担保。股票指数、外汇和债券的期货交易同样如此。

因为卖主以后才交货，买主也是以后才收货，所以期货交易也称“未来交易”。由于投入的资金少，这种业务的风险根本无从估计。如果商品的指数和原先期望的方向只差几个百分点，持有人必须立即补缴资金，才能继续保有原先数额的担保。如果不补缴资金，立刻就会被结清交易，而把之前已经付过的资金全部赔光。

在 80 年的证券交易生涯中，我曾经集中全力从事原料投机，或许因为在这个赛场上，我还有一笔童年时的老账要算。我当时是玩撞球的年龄，在匈牙利的日常生活里，粮食交易所犹如一颗闪耀的明星，因为匈牙利是谷类作物、玉米和燕麦的主要生产国，也是全欧洲最活跃的市场。粮食销售量极大，海外电报、卖出和买进订单铺天盖地涌向这座城市，带来难得一见的繁荣景象。在巨额交易的同时，也有一般民众可参加的小型投机交易，这点非常符合匈牙利人乐观的天性。

于是大家都在谈论粮食，粮食的行情影响一切。关键因素是天气、天空的颜色、威胁粮食收成的烈日和能改善收成的降雨。粮食指数随着天气预报时涨时跌。在城里无数咖啡馆的台阶上和街道拐角处，人们停下来，十分关切地看着云层的变化，特别是在干燥的夏季，如果天不下雨，燕麦收成就会有危险。

这一年夏天，有一场匈牙利与奥地利将要进行的国家队足球比赛，事关体育荣誉，每个人都视为切身之事。期待已久的体育赛事，甚至让人忘记了炎夏的闷热天气。

我更是非常兴奋，这是我第一次观赏足球比赛，而且还是我最喜欢的叔叔要带我去看。比赛当天早晨，我手忙脚乱地从床上跳起来，察看外面的天气。天哪，整个天空都被云遮住了，风雨驱着大片的乌云朝这儿大军压境过来：空气凝重，几乎听到轰隆的雷声。我感到一阵不安，要一起去看球赛的堂兄也很不安。

整个上午天气变得越来越糟，我们的心情也越来越失望，但我们还是在约好的时间内到了叔叔家，相信他会和我们一样难过。但令人惊讶的是叔叔的眼睛闪闪发光，高兴且心满意足地微笑着，他搓着双手，仿佛刚刚成功地耍了个小把戏似的。平常，他从不会伤小孩子的心，就连开玩笑时也不会。“亲爱的孩子你们看，多好的一天，倾盆大雨，足球比赛取消了。”

我和堂兄一时无言以对，没了足球赛，而他竟然还说是好日子，这种卑鄙行为，我们真是难以理解。叔叔残酷地说着：“真是妙极了，这场雨下得真棒！”接着，他又喊道：“你们不明白，这是场及时雨，明天交易所的燕麦价格就会下跌。为了这一天，我已经盼了好几个星期了。”

叔叔说得对，第二天燕麦行情大跌，收成保住了。做空头的投机人可以赚到梦寐以求的利润，而这一切竟是以足球赛作代价。这次化为泡影的活动全是交易所的错，所以我发誓一定要在适当的时候进行报复。

后来，我也陷入各式各样的期货交易中。有段时间，我甚至在富有传奇色彩的芝加哥粮食交易所中占有一席之地。但结算后，我没赔，也没赚。

原料投机只适合熟悉风险、承担得起损失、有经验的投机家，最适合那些出于职业因素和原料生产有关的人，因为之后他们可以把这些原料用在自己的企业中。磨坊主人就可以把部分财产投资到粮食中，巧克力生产商可以购买可可或糖，而纺织业可以贮存毛线或棉花，金匠储备金和银。我不建议散户在原料交易市场中碰运气，但有时总会出现吸引人的投机局面。另外，永远不要加入电话委托交易的“商品期货交易”，他们总是保证用最佳的出售技巧赢利，但这件事只有一点可以确定，就是全部赔光。

## 有形资产：是收藏，还是投机

20 世纪 70 年代末和 80 年代初，也就是人人谈通货膨胀色变的时期，有形资产成了最受欢迎的投资标的。升斗小民和大人物都想在货币贬值前，把积蓄存到有保障的地方。他们购买名画、旧家具、瓷器、邮票、硬币、钻石，还有黄金。我甚至认识一个人，他把钱都投入在老式咖啡研磨器上。

当时有形资产的价格简直是暴涨，能正确预测到发展趋势的投机人，可以赚进大笔财产。但投资者却没那么幸运，他们用相当昂贵的价格买进，而这 20 年来，只是赔钱。从金价的走势便可看出整个灾难，黄金从最高的 850 美元一盎司，跌到现在的 300 美元一盎司，而且还看不出有改善的迹象。我很高兴看到这一切，因为我一直反对拜金主义。

有形资产不会产生利润，所以不适合当成投资标的，除非在过度通货膨胀时。这道理也适用于原料的投资。今天，股票的红利虽然看来数目很小，但投资者可将收益重新投资，通过复利效应自动增值，债券也是如此。股票靠上市公司，债券靠债券发行者（国家或是企业）和钱打交道，而花在有形资产上的钱，却只能闲置。

所以，万不得已时，才可投机有形资产，然后还必须辨别行情何时开始上升，及时进场，从中获利，随后再马上退出。只有这样，才能利用有形资产赚钱。遗憾的是，几乎没人可以准确预测价格变化。所以，关键问题始终是时机问题。

理论上，只有了解自己经营的有形资产，并且经验丰富，才能赚钱。我说从理论上讲，是因为我所列举的诸如名画、旧瓷器、旧家俱、钻石、邮票和硬币，只有收藏家才是真正的行家，他们热爱这些东西，一起起床，一起入睡。但收藏家无法成为投机人士，因为他和收藏品难舍难分。虽然从账面上看，收藏家获得了巨额利润，但却无法从中赚钱。相反地，低价买进，然后再高价卖出的投机人士，从来不会努力地去了解那些东西。

## 房地产：大投机家的事

唯一带来利润的有形资产投资，便是房地产。房产所有人住在自己的房子里，就可以收取或节省房租。我在巴黎有两处住宅，在蔚蓝海岸有座房子，在布达佩斯有处宅邸。只有位于巴黎圣路易岛的住宅被我租出去，其他三处房产一直是我自己居住。根据这一经验，我只能建议每个家庭，购买自己居住的住宅。这应该是第一项投资，因为这样一来就不必受制于出租人，或是受房租上涨的影响。

但是，房地产投资又是另一回事。我对这行没有经验，我一直是"动产"投机家，即像证券、外汇和原料这类可以移动的东西。房地产不能移动，正如其名"不动产"一样。房产不是在世界各地都能流通的。IBM 的股票在全世界的价格都一样，而一座 60 平方米的住宅，却没有统一的价格。不同的地方，不同的环境，房价便不同。一间坪数一样，格局相同的房子，在纽约城价值 200 万美元，但在布森互德的价值是 20 万马克。

我相信一件事，房地产市场和股票市场虽然完全不同，但其运转和其他投机市场一样，遵循着相同的规则，有荣景、低迷和过度发展等时期。

想投机房地产，必须有巨额资金和良好信誉，因为购买房产的部分资金是向银行或第三者筹措的。

虽然也有房地产基金，但在我看来，并不适合投机。开放型基金是种投资面分布广泛的投资基金，风险相对较小，价值则持续增加。而封闭型的房地产基金则是用来节省税金，期限多为十年或更长的时间。

谁若真想靠投机房地产赚钱，就必须预测出房地产业在哪个城市、哪个地区或哪个国家将出现全面景气的局面，只有这样，才能获得超过平均水准的利润。迷信房地产的德国人，迷信一种观点，即不动产会不断增值，但这完全是无稽之谈。房地产也会下跌，只是房产所有者不会像对待股票般容易察觉行情，因为住宅、房屋或办公楼的价格，并不是每天登在报纸上，或出现在德国新闻电视台的指数表上。

当然，长期来看房地产价格是向上发展，但从联邦银行利率水准来看，其增值速度比不上通货膨胀，所以房地产所有者只是名义上赚钱，实际上并没有获利。

我喜欢房地产市场，是因为其中没有玩家，由于交易费用太高，大家无法在某一天买进，第二天又卖掉。长久以来，房地产市场不像证券、外汇和原料市场那样有流动性。房地产有时要花几个月的时间，才能找到买主。

我的结论是，资金雄厚，且熟悉房地产市场的投机人士，可以试试运气。很多人，例如唐纳·特普靠房地产业致富。其他人如荣格·史耐德却因此破产，必须在监狱中了却残生。就和其他的投机行为一样，发财和破产紧紧相依。关于房地产市场，我知道的不多，因为股票才是我的王国。

## 股票：本身就是投机物件

无疑地，能为投机人士创造广阔投资天地的是股票市场。全世界共有10万多家上市公司，分布在全球各个国家。大家可以针对某个行业的繁荣和衰退、某个竞争对手战胜另一个竞争对手、某个国家的法律变更、大选、社会发展趋势、未来时装的发展趋势，还有新技术的发展进行投机。有的公司在本国找运气，有的则在全球碰运气。

大家总能找到被低估的公司。前面提过的亿万富翁巴菲特就是靠这发财的。或者找到被高估的公司，进行投机，大家可以利用“转机股”发财，像我就曾以克莱斯勒的股票作投机（我在其危机时，以每股3美元买了克莱斯勒的股票，现在每股的价格为150美元）。还有像微软或戴尔电脑的“飙升股票”，利用这种股票，大家同样可以发财。

和其他投机物件相比，股票的优势在其长期上涨的趋势，当然这并不适用于每家公司，因为有些公司垮掉了。总体、长期来看，股票是一直向上走的，且结果比其他任何一种投资方式都好。投资者分出部分财产，购买大型且稳固的公司股票，就会得到最好的机会。如果事情没照预期发展，也只需耐心等待，直到行情重新看涨。如此，某些投机人士就变成投资者。大家常听到交易所中的人，吹嘘说他们多会投机，将100元买的股票卖了110元。但如果股票从100元跌到60元，又不想赔钱脱手时，他们就会说他们是在做投资，对一时的指数不感兴趣。这当然是自欺欺人，但我们都有人性弱点，尤其是投机人士。

# 第四章 奇幻的证券交易所

证券交易所，

对某些人来说，意味着财富，

对某些人来说，却意味着毁灭。

言辞尖刻的人说，魔鬼创造了证券交易所，为的是告诉大家，他们和上帝一样，也能无中生有。错了！魔鬼并未创造证券交易所，证券交易所是自行发展成的，在大树下、在华尔街、在大街拐角处或在咖啡厅里，为的是以后能够搬进宫殿。

人类史上的第一家证券交易所，出现在阿姆斯特丹。时值17世纪，殖民时代开始之际。大家争先恐后地购买印度公司的股票，这是第一家有组织的殖民企业，成立于1802年。公司的创始人是几个荷兰资本家，想成为海外贸易的主宰，在将自己的船只和财产托给未知的海洋前，他们仔细研究了航海报告，改造帆船，以抵御海洋的风浪。

为了凑足资金，每个人纷纷解囊，60吨的黄金是通过认购公债筹集来的。他们巩固贸易的独占地位，在东印度无数的岛屿上，拥有近乎绝对的统治权。公司船队满载着贵重商品回到阿姆斯特丹的码头，有香料、布料或瓷器，邻国纷纷抢购这些商品。

强大的印度公司繁荣起来，成为国中之国，在和印度王公及地方邦主的交涉中，以有利的价格，把葡萄牙人赶出了印度市场。在阿姆斯特丹富丽堂皇的宫殿里，公司17位创始股东围坐在铺着贵重锦缎的圆桌旁，像从前的统治者般颁布法律。

累积了几年的收益，公司独占地位巩固，且控制了从香料群岛到亚洲大陆，从巴塔维亚到加尔各答，从爪哇岛到马德拉斯的辽阔地域后，他们进行首次的利润分配。利润增加，红利提高，股价也同样看涨，大家分配着现金、债券。几年后，根据公司的喜好及相应的财政状况，甚至也分配胡椒或香料等实物。

## 荷兰印度和英国东印度

英国对印度公司的海上霸主地位和荷兰成为强劲对手，感到惴惴不安。于是建立英国的“东印度公司”，试图打破荷兰的垄断地位，重新建立自由竞争，但是，“东印度公司”并未能动摇荷兰公司的独尊地位。西方强权开始在本土、海上和证券交易所进行激烈争战。如果荷兰的印度公司和英国的东印度公司今天都还在的话，他们或许会试着收购对方。

投机人士一边下棋，一边谈着港口的流言蜚语，或在港口餐馆、交易所俱乐部，一边吃巧克力、喝咖啡，一边等候商船的消息。但今天，他们都坐在交易室或连线的电脑前，紧张等待最新消息、统计资料和分析预测。只不过今天的人不用一连几个星期或几个月等候消息，现在这些讯息像从机关枪射出来似的，每分钟都有上百条。

受运输费用的影响，这家或那家公司的股票上涨或下跌，运抵的货物越来越贵，而且总是超过大家的预期，投机人士一天比一天激动。对荷兰印度公司来说，1688 年发生的一场灾难，对我们也具有特殊意义，因为这是有史以来第一次“股票崩盘”。

荷兰印度公司正等着一批重要货物，大家对此寄予厚望希望股票能达到新高点，现金和期货交易的投机活动已到“生死攸关”的地步。首先传来各种令人担心的消息，由于船队损坏严重，不得不由好望角返回巴塔维亚。不过，还是有几艘船抵达荷兰。但货物仅以 35 吨黄金的价值卖出，未达到原先期望的 50 吨黄金。

生意本身并不算太糟，但投机却到了一触即发的局面。如果一种股票有希望提高红利，投机人士便会蜂拥而至。如果红利虽如大家期望般高，但由于“已成事实”，股价还是有可能下跌。如果红利没有达到预期，就可能会成为导火线，盲目的不信任便会取代原先的盲目信任。

基于这个原因，加拿大的铀矿业在 20 世纪 50 年代也经历同样的命运。尽管核子科学长足发展，但始终没有出现获利，看来也没希望在未来某天有所改变；投机人士不得不为他们的幻想付出昂贵的代价。在 1957 年的股票崩盘中，铀矿股票因之前的炒作而掉了 90% 的价值，损失惨重，加拿大证交所很长一段时间无法恢复元气。虽然邻国华尔街的股市看涨，却无法恢复原先的基础。类似的原因也让其他投机人士在巴黎证券交易所破产，他们被骗，以为撒哈拉沙漠的石油开采业会带来丰厚的利润，但发生在阿尔及利亚的政治事件和国有化，令他们的希望化为泡影。

## 混乱中的混乱

自 17 世纪中叶起，阿姆斯特丹的证券交易所就已类似现代证券交易所。当时就已有人从事期货和期权交易，有结算日、补偿交易指数、展期交易和贴现交易、买空财团和卖空集团。阿姆斯特丹是欧洲最重要的国债市场，细腻讲究的期货交易在阿姆斯特丹证券交易所中诞生。经纪人和坐在邻近咖啡馆里等候交易结果的客户间，有交易员和联络员。各种影响行情的谣言、错误的警报及各种伎俩早已出现，让有眼光的谋士得以利用行情涨跌获取利益。

受人瞩目的印度公司股票不断攀升，尤其当某大机构操纵上涨行情时，股票更加看涨。货船延期返回的坏消息，本来是无任何危险的普通消息，但在大家都感到振奋时传来，便显得很不恰当。受害人当中有诗人、哲学家和狂热的投机人士维加，他是阿姆斯特丹西班牙籍犹太难民之子（和纽约 10 万名德国难民子女一样）。他的作品《混乱中的混乱》既是一部哲学著作，也是一篇报道，书中描述了 17 世纪阿姆斯特丹证券交易所的真实情景。我多次阅读此书的德文版，1921 年的翻译版本，值得向每位投机人士推荐。维加曾经三次靠投机发财，然后又失去财产，证明他完全有资格评论这个题目。

如前所述，我相信没在证券交易所中至少破产两次的人，就没资格冠上“投机家”的美名。在我无数次的冒险中，也碰过许多坏运，但和所有投机人士一样，创伤很快就愈合了，在还未彻底忘记意外事故时，又带着新计划，重新投入战斗。

维加在书中翔实描述投机活动和证券交易所至今依然不变的机械性。和当时一样，今天导致行情涨跌的，还是幻想、郁闷、乐观、悲观、惊喜或信念，希望和害怕，期待和失望，钱或债务。从这一点来看，即使电脑和网络也未改变任何东西，投机的背后总是躲着一位优缺点兼备的人。任何时期，大家都可从新闻记者和商人所写的证券评论中，听到和看到证券交易所比以往更加莫测高深的评论。这个观点是错的，其实证券交易所一直都是捉摸不透的，如果不是这样，证券交易所也就不是证券交易所了。早在300年前，维加就把证券交易所描写成“混乱中的混乱”。

可惜，我一直没能得到1688年西班牙文版的《混乱中的混乱》。我的藏书包括一些稀有作品，我非常想用这部珍品使收藏变得更加完美。该书实际上是有关证券交易所的第一部作品，自读过该书后，我就一直在找西班牙文的第一版，但是波士顿最大的克莱斯经济图书馆，在20年前就已经找不到此书了。

几年前，我曾有一次机会。我在慕尼黑的报上看到伦敦索斯比公司将拍卖此书。妻子知道我在找这本书，遂一直注意所有该书的新闻，就在我刚看到这消息时，她也打电话来告知。我马上前往慕尼黑的索斯比，想在目录里核对一下，拍卖的是否真的是西班牙文原版。

我得到肯定的答复，正是我要找的版本。目录中的估价是2000～3000英镑，我问索斯比的职员，要出多少价才能确保得到此书，他告诉我3000英镑肯定够了。为了更有把握，我出价 5000 英镑。“您绝对能得到这本书，”那位职员对我说。

拍卖当天，我大失所望空手而归。最后的成交价是 18000 英镑，除了想知道是谁出的价外，我对其他一切都不感兴趣。闲聊中，得知是位日本买主标走，我捶胸顿足，日本人要这本关于阿姆斯特丹证券交易所的西班牙文书干什么？难道这本书真的在我的图书馆里找不到位置吗？

## 资本主义的神经系统

就算魔鬼未曾创造出证券交易所，他也一定趟过这摊浑水，把人变成将证券交易所化成赌场的赌徒。对许多人来说，证券交易所是没有音乐的蒙地卡罗，是赌场，可以整晚在紧张刺激的气氛中赚一大笔钱。对我来说，证券交易所是充满各种音乐的蒙地卡罗，只不过必须带上天线，才能捕捉到音乐，分辨出音乐的旋律。

证券交易所其实是神经中枢，甚至是资本主义经济制度的引擎。在商品和外汇交易所中，这间赌场大厅负责调配商品和制定合理、透明的价格，它为生产商、制造者及进出口商提供机会，避免各种价格风险。玩家和投机人士关心成交量，遗憾的是，玩家或寄生虫（我也这么称呼他们）占成交量的比重是如此之大，以至于有时只是他们的交易活动，就会不合理地操纵行情涨跌。

但真正的引擎还是证券交易所，其基础是上市公司，而投机是催化剂。假如没有投机，革命性的大型工业（铁路、汽车、石油、电子工业、电脑，及现在的网络）就不会出现。除了希望靠投机获利，也要指望银行利率，促使大大小小储户从口袋里掏出资金，才能通过不同的投机方式，分布到各个经济领域。

总而言之，证券交易所是投资者需要资金时，可以随时解冻资金的工具。如果不能随时变现，就不会有那么多投资者、投机人士参与股票交易。虽然证券投机人士的动机是投机，但毕竟也把资金投入到经济活动中。国家经济都需要资金来解决，不论是为了经济成长、解决就业问题还是追求进步。

原则上，企业家可借两种途径筹措所需的资金，抵押借钱或是卖股票。向银行贷款或通过发行公债，还是以股票形式出售公司持股，都各有利弊。

如果企业家不想和其他股东分享利润，也不要别人插手公司决策，他可以选择以支付利息的方式向银行贷款。然而如果业务运转不如预期，利润出现的时间比原先预计长，就可能陷入困境。此时如果银行要求偿还贷款，或要求为新贷款提供其他担保，而他又无法提出时，他的梦想就会像泡沫一样破裂，接着要用很长的时间，也许是一生的时间，来偿还债务。

如果企业选择发行股票，便不必支付利息，也没有把资金还给股东的义务。而股东得以分配红利的方式分享利润，如果这位股东购入股票的那家企业经营顺利，他得到的利润会十分丰厚。

经济史上重大的发展开始时，都是充满风险的，如果只靠贷款方式，根本不可能取得长足进展，而且企业家也不愿意债台高筑，更重要的是，银行从不愿像股票族般，提供庞大的资金。大家只需看看，这两三年来有多少资金是通过证券交易所注入年轻的网络企业，就不难理解。

虽然我不相信网络企业的股东最后都会成为赢家，但由于市场狂热，许多股票的行情就像1688年时的东印度公司一样，失去控制。此外，还有许多股票被人操纵，但这就是证券交易所。

## 交易人士的游乐场

证券交易所还有更多内容，这里是交易人士的游乐场，充满经纪人、交易员、市场调控者、玩家、投资者、大大小小的投机人士、银行家和金融家、新闻记者和偶尔光临的旁观人士。当然，并不是所有人都亲自到证券交易所来，多数人只把钱送过来，有时，也会把钱撤回去，他们的投资反映出忧虑和希望。证券交易所不仅是证券、外汇或商品的中继站，也是消息、新闻发布和驳斥谣言、热门诀窍、内线消息和蜚短流长的传播场所。

我常去证券交易所，因为其他地方都不像这里，能看到这么多傻瓜。并不是我对傻瓜感兴趣，而是为了进行和他们截然不同的动作。

遗憾的是，法国画家多米耶笔下精彩绝伦的大厅型证券交易所，已渐渐绝迹，逐渐变成电子证券交易所。1986年，这股潮流波及伦敦皇家证券交易所，不久前又占领巴黎证券交易所，在法兰克福，多数的交易已经在电脑系统上进行。看来，证券交易所之母的华尔街，变成由无声无息的电脑屏幕组成的电子交易所，只是时间早晚的问题。

独一无二的气氛，还有在任何证券交易所谣言滋生的特殊味道，如今已不复存在。我还见过把指数写在黑板上的证券交易所。我曾笑称自己是没落的证券交易世界最后的北美印第安莫希干族，但我已有多年没看过证券交易所的内部情形了。我害怕，如果万能的上帝再次眷顾地球，看着证券交易所时，会发现我。“怎么？”上帝也许会想：“老科斯托兰尼还在那里。他应该上来了，我这里也用得着他。他的老同事已经在等他了，一旁还有专为他留的座位呢。”

热衷证券交易所的人会在交易所里看到世界历史的影子。我承认这是一面扭曲的镜子，只有经验丰富的投机人士，才能辨认其中的影像，并理解其中的含意。所有正在发生的事，不管是中东或科索沃战况、巴勒斯坦和以色列的敌对与和解、美国总统和女实习生的暧昧关系、德国政府轮替和财政部长辞职、电信和网络事业的进一步发展、女性时装革命、肺癌研究等等。这些事件的总和，以及这些事件带来的恐惧和希望，就构成了世界大事，也构成世界历史，并如实反映在证券交易所。能读懂这面镜子的人，就享有特权。虽然他也不知道明天会如何，但是他知道，并且明白今天和昨天的样貌，这就已经足够了，因为多数的证券投资者，甚至连这点都不知道。

## 经济的温度计

许多外行人总是称证券市场是经济的温度计，其实不然。

证券市场无法显示当前的经济状况，也预测不了未来经济的发展趋势。要证明这点，我不必追溯远古的历史，过去的5年就是最好的例子。一方面，德国经济成长持平，失业率高居不下；而另一方面，证券市场却增加了3倍，前社民党主席奥斯卡拉封丹在上届联邦议院选举前的竞选演说中，不断对此大加抨击。其实他对证券市场一无所知，也对经济一窍不通。

相反地，在美国，经济因为就业充分而繁荣，证券市场跟着景气发展。那里同样有过经济高度发展，而证券市场却萧条的情景发生。经济和证券交易并不一定平行发展，但这不是说二者没有任何关系。我想引用一个多年前见过的令我印象深刻的老例子来说明。

有一个男子带着狗在街上散步，像所有的狗一样，这狗先跑到前面，再回到主人身边。接着，又跑到前面，看到自己跑得太远，又再折回来。整个过程里，狗就这样反反复复。最后，他俩同时抵达终点，男子悠闲地走了1公里，而狗跑来跑去，走了4公里。

男子就是经济，狗则是证券市场。1930年至1933年的经济大萧条结束后，美国的经济发展就像这个例子，经济持续成长，其中也有一两次的停滞，而证券市场却涨涨跌跌有上百次之多。

我认为，长远来看，经济和证券市场发展的方向相同，但在过程中，却有可能选择完全相反的方向。

# 第五章 指数有什么道理

这里一切取决于一件事，
就看是傻瓜比股票多，
还是股票比傻瓜多。

每天，证券评论员都费尽心思解释当天指数的变化，然而影响指数上扬或下跌的因素却难以胜数。

利率提高，股价下跌；利润高过预期，XY的指数便可能看涨，而ABC的股票却下跌，因为尽管利润高过预期，专家却看到该企业面临艰困的未来。而下一份报纸的评论却指出，同一种股票股价下跌的原因在于获利了结。另一天，美元坚挺是指数上扬的原因，但第二天，在同一份报纸的评论中，美元是指数下跌的关键。**对投机人士来说，这些评论完全多余，而且毫无用处。专家引用报章评论，寻找合乎逻辑的因素，但证券市场有自己的逻辑，和普通消费者的逻辑没有什么关系。**

证券市场像漂亮的女人或天气一样任性，擅长利用各种光怪陆离的魔术吸引猎物，大家对其不抱希望时，证券市场也一样冷淡对待。我建议大家应该冷静，不要在意证券市场喜怒无常的脾气，尤其不要为此寻找合乎逻辑的解释。

评论员可能局限于三个因素，因为供过于求，证券交易走势疲软；或因为需求大于供给，证券交易行情坚挺，或因为供需平衡，证券交易没有变化。

从短期至中期来看，绝对不是好的股票一定看涨，不好的股票肯定下跌，情况可能完全相反。一家企业也许获利丰厚，可以支付红利，还有良好的发展前景，但只有需求大于供给时，才会在证券市场中看涨，这是证券交易逻辑的唯一条件。

## 傻瓜、股票，谁多

直到今天，我还清楚记得第一次到巴黎证券交易所时的情景。一位老先生朝我走来："年轻人，我没见过你。你是谁?"我回答："我第一次到证券交易所，我是 X 公司的实习生。""你的上司是我的朋友，我现在教你一些非常重要的东西。你看看周围，这里的一切都取决于一件事，就看这里的傻瓜比股票多，还是股票比傻瓜多。"

这条座右铭也成为我的信条，我们可以这样解释，行情趋势要看卖方卖股票的情况，是否比买方买股票急迫。如果股票持有者迫于心理或物质上的压力，被迫出售股票，而资金所有者虽然想买，却无购买压力，行情就会下跌。

反之，如果资金所有者迫切寻找股票，而股票持有者并没有物质或心理上的压力，要出售股票，行情就会上涨。我一直记住这条准则，**一切取决于供给和需求。我全部的证券交易理论都以此为基础。**

这个事实每位证券交易人士都须铭记在心，否则就不会明白，为什么有时指数会出现完全不合逻辑的波动。

分析发展趋势时，应对各种影响因素进行评估，并要能看出未来的供需情况。

原本我还可以解释一下股票指数的形成细节，以及经纪人或市场调控者如何制定指数，以合理反映供需的情况。但我想把这件工作留给众多证券交易入门的指导书籍。

## 背景音乐是小调或大调

在歌剧或交响乐中，都有个主题，总是反复出现，不断在背景中回荡。股市也有背景音乐，决定长期的发展趋势，时间可能长达几十年。在投机人士准备从中看出上涨和下跌的时段，从中获利前，必须听出背景音乐是大调，还是小调。

这种背景音乐由两部分构成：战争或和平，及长期的经济发展。

大家总是问我，为什么过去几年那么乐观？许多人听过我关于安眠药的点子，我毫无保留建议大小储户把钱投资股票，从前我不会如此做。先前我建议他们应该服用安眠药，然后沉沉睡去，不要理会这段时间证券市场的风暴，免得惊慌失措，在行情上涨之前便把所有股票赔本卖掉。

我乐观的理由很简单，虽然有科索沃战争、波斯湾战争和库尔德族战争摧残着人类，但世界和平基本上是得到保障的，这是1921年以来不曾有过的。直到10年前，我仍是每天早晨7点便坐在收音机前，因为害怕某个地方会成为第三次世界大战的开端。北约和华沙两大集团间的冷战让世界瘫痪，今天，这一切已成过往云烟。

现在我最早在10点前打开收音机，但没有听到特别让我感兴趣的消息，除了名模克劳迪亚·雪佛不会嫁给《块肉余生记》的主角大卫·考伯菲外，大家还能知道什么大事。新的时代是美国统治下的和平时代，不管欧洲人喜不喜欢，唯一留下来的世界强权就是美国，和平因此长期得到保障。这是全球股票市场亮起绿灯，也是过去几年股票市场发展迅速的原因。

在我长达80年的证券交易经验中，也碰到过截然不同的情况，二次世界大战，还有冷战，我都经历过，而且幸存下来。

投资者只要在某处嗅到火药味，便不会投资股票。这时，每个人都希望自己的保险箱里，有像黄金这样的有形资产。当战争发生时，货币可能完全贬值，德国在战败后经历过两次这种情况，受到战火蹂躏的法国也同样经历过。大家不得不收拾东西逃亡，1941年，当德国军队打到巴黎城边时，我就是如此做的。

在这种情况下，股票不再有用，因为这些股票在收容难民的国家里卖不出去，收容难民的国家有外汇管制，所以也无法处理外国货币。不然便是持股的公司、工厂在轰炸中遭到破坏，或被收归国有，匈牙利在战争结束后变成社会主义国家时，我父亲的酒厂就遭到此等命运。结果是大家都失去自己的投资，在这种情况下，只有国际通用的货币、或某个没有卷入战争的国家的货币、或黄金才有用。

局势越不稳定，投资者越不敢投资股票，反之亦然。目前是股票赢了，对未来的几十年，我仍然抱持乐观态度。

## 和平就是大调

再回到之前我提过的狗和主人的例子，应该可以说明经济和证券市场并非是平行发展的。但和狗及其主人一样，长期来看经济和证券市场，发展方向相同。

如果经济和企业利润没有持续成长，股票指数也不会持续看涨。如果没有重要因素，通用汽车、IBM 或微软的股票也不会发展到今天这种水准。否则的话，狗就会跑到前面去，不知什么时候，便看不到主人了。而熟悉狗的人都知道，这位四条腿的朋友最后还是会跑回来。

日本就是很好的例子。有 20 多年的时间，日本的股票指数脱离经济指标和企业利润，虽然后两者也持续成长，却跟不上指数上涨的速度。1990 年，狗终于发现跑得太远了，在一个没有人预料得到的时刻，行情大跌。直到今天，日经指数仍比其最高纪录时低 50%。

长期来看，证券市场无法脱离经济。投机人士必须仔细观察分析本国的经济形势，而身处在全球化时代的今天，当然还必须观察分析世界的经济形势。但要注意，具决定性的不是过去的发展，而是未来的发展。如果经济没有任何阻碍，能够成长，尽管会出现各种震荡，从长远看，证券市场仍然看涨。其结果，指数上涨比指数下跌频繁，大大提高了投资者获得可观利润的机会。

正因如此，过去几年里，连证券交易所中的玩家也能赚钱。当指数几乎稳定成长时，大家也能通过短线交易逮到更多多头行情，而非空头行情。

我相信，基本上经济还是会继续成长，因为经济成长的动力是大家对高标准生活的渴望。当富翁变懒，而且厌倦时，还会有其他想提高生活水准、努力促进经济继续成长的人。这就是世界的进程。

但有时也有束缚渴望、阻止渴望的障碍。

## 可能的障碍

经济成长的障碍之一便是错误的税赋政策，这会让所有的成果尽皆遭殃。如果大家像从前瑞典那样，必须用 90% 的收入纳税，总有一天，没有人会有兴趣办企业、进行投资、每天工作 14 个小时。

另一个更重要的问题，就是货币供给，就像匈牙利一位吉卜赛音乐家所说："没有钱，就没有音乐。"同样地，"没有资金，就没有经济成长。"

几十年来，以黄金为基础的货币制度，即通常所说的金本位制，阻碍了充分的货币供给。这个时期，世界经济发展迟缓。我经常针对金本位制撰写文章，一直强烈反对金本位制。因为，除了世界和平外，取消金本位制是我这些年及对未来抱乐观态度的第二个原因。但遗憾的是，总有一些政治家和经济学家，每当外汇激烈波动时，便要求回到金本位制，所以我要再次解释金本位制，为什么对世界危害极大。我认为金本位制是种祸害，所以我常用“你怎么看待金本位制?”问题，来测试经济学家和专家对经济的理解程度。

金本位制是一种在经济体制中平衡供需的货币机制，既在国内，也在国际上运作。国际收支均用黄金调节，形成固定的外汇价格。

确切地说，就是每种货币都用黄金定价。例如：1 美元等于 X 克黄金。于是，便规定中央银行对当时流通的货币必须保有多少黄金储备。中央银行有义务按照固定价格，以黄金买进本国货币，或支出本国货币购买黄金。如果一个国家在贸易结算或国际收支上出现赤字，导致货币在国外供给量过大，这时该国中央银行便有义务，用黄金把过量供应的本国货币从市场上购回。

为了平衡出现的赤字，又不使本国黄金储备减少，中央银行必须通过提高利率和减少开支、缩减贷款及提高税收，增加资金流入。

总而言之，中央银行推行极端的通货紧缩政策，这会对经济造成严重后果，掏空消费者和企业家口袋里的钱，减少消费需求，后果便是失业率居高不下，这一切都只是为了保有黄金储备。

反之，如果情形正好相反，该国贸易结算出现盈余，货币需求增加，中央银行的黄金储备在货币兑换后重新得到补充。这时利率和税收可能降低，货币重新流通到市场，促成经济成长，失业减少。这就是应让国家财政正常运转的金本位制。

但事实上，金本位制从来没有发挥作用，也永远不会发挥作用。因为从来没有哪个政府愿意按照该体制的要求，推行如此极端的通货紧缩政策。因为推行的结果将引起负面效果，导致该国政府在下次大选中失败。

几年前，我也和戴高乐将军的货币专家杰克，鲁夫争论过这个问题。他对金本位制如此痴迷，以致大家为他冠上了“金本位制先生”的绰号。在我们两人的一次电视辩论中，他称黄金是位独揽大权的君主，监督世界的经济秩序。我挑衅地问他：“但这位君主迫使政府推行极端通货紧缩政策的军队在哪里呢?”

1932 年，鲁夫在巴黎索邦大学演讲时，对金本位制大肆赞美。他引用了魏玛共和国时期布律宁和路德政府所推行的典型通货紧缩政策。他赞叹地解释说，虽然出现了严重的经济危机，黄金储备依然增加了。今天，我们知道这个政策成效“卓著”，一年之后，希特勒夺取了政权。

如果沿着这个思路继续思考，会得到尴尬的结论。假如当时没有金本位制，也许希特勒及第三帝国根本不会出现，第二次世界大战和屠杀犹太人的悲剧也不会发生。因为当时，如果德国的经济危机略有缓和，支援纳粹的声浪会立即减弱。经济形势和选举结果间的关系，毋庸置疑，如果生活艰难，肯定就会发生革命。

## 金本位制已过时

后来，鲁夫在新闻媒体中更加丑态百出。在一系列文章中，他发出警告，如果不马上回到传统的金本位制度（也就是说美元百分之百用黄金核算），世界经济就会崩溃。众所周知，大家并没有把他的警告放在心上，而且现在的世界经济形势也比以往任何时候都要好。

此外，大家也不需要用金本位制克服通货膨胀。因为通货膨胀并不取决于货币是用黄金核算，还是自由流通。里根总统执政后不久，推行的通货紧缩政策便证明这点，在成功消除通货膨胀，促进经济发展前，他首先大幅度提高利率，继续加重卡特政府留给他的经济危机。

从第二次世界大战以来，金本位制便没有发挥过作用。想让金本位制解决我们这个时代的重大问题，未免要求太高了。金本位制失败的原因，在于接受了一个完全错误的事实。

支持金本位制的人相信，某种货币的品质取决于其守护者，即中央银行存放在地下室里的黄金储备。这完全是胡说八道，其实一个国家的经济实力和国家财政管理制度，才是构成货币强势或劣势的主因。就像健康的身体，不会因一次感冒，便蒙受病痛；有病的人也不会因医生一次有效的治疗，便马上恢复健康。

今天，引进金本位制的可能性比从前更加微乎其微，因为外汇流通的规模巨大，令该制度比以前任何时候都要脆弱。19世纪时，金本位制还发挥过一些作用，但上个世纪的经济秩序怎能和今天相比？我想到一个音乐的例子，大人在小孩学弹钢琴时，常会在一旁放一个节拍器，辅助小孩借助滴答的声音，掌握演奏中的节奏。但演出大型交响乐作品时（比如说马勒的第八号《千人交响曲》）就需要天才的指挥家，这时只用节拍器是远远不够的。

今天的经济制度需要称职的中央银行主席，他们是金融市场的指挥家，而不是金本位制。美国联邦储备理事会（简称联储会）主席亚伦·格林斯潘就是一位非常优秀的指挥家，当经济需要货币时，他提供货币，当货币大量流通时，他又减少货币供给额。就像《圣经》中所说："上帝赐予一切，上帝拿走一切。"

## 稳定只是幻想

直到被欧洲中央银行取代前，德意志联邦银行一直推行紧缩的货币政策，阻碍德国在统一后创造第二个经济奇迹的机会，其口号是稳定、稳定、再稳定，目标是达到零通货膨胀率。多年以来，美元兑马克的汇率一直被低估，所以原料的进口越来越便宜，这正是联邦银行想要的。然而，在出口产品占40%、贸易持续保持顺差的国家，这种政策却扼杀了几十万个就业机会。由于竞争压力越来越大，企业被迫不断进行理性管理，或将生产线迁往国外，目前德国许多企业正是如此。

稳定并不是唯一的生活目标，生活目标应该是和平、富裕，而且稳定应该是政治稳定，而不是货币价值稳定，这才是最高目标。**前德国总理赫姆特·施密特说得完全正确："宁愿要5%的通货膨胀率，也不要5%的失业率！"**轻度通货膨胀根本不会危害经济。

绝对稳定只是一种幻想。能源、原料、生活用品，甚至劳动市场的价格，都在不断变化。很多商品的价格要看大自然的脸色：这次是橙子收获时被冻坏了，接着又是咖啡豆收获时被热浪烧掉了。所有商品和物资的价格在自由的经济环境中不断涨跌，受到各种事件和大众心理反应的影响。这种情况下，大家又怎能实现一种绝对的稳定呢?

事实上，稳定的货币政策导致灾难性的后果，近十年来，德国失业率一直停留在10%上下，货币供给额成长不足，不能促进经济发展，既没有消费，也没有投资，因为储户和投资者已被培养成膜拜神圣马克的人。

多年来，法国和欧洲其他国家的联邦银行货币政策遭到怀疑，但由于马克在欧洲货币体系中的支柱作用，他们被迫迎合德意志联邦银行所采取的每一步利率措施。通过引入欧元，法国人想达到剥夺德意志联邦银行权力的目标，一年前，争夺欧洲央行主席职位一事，已让此事公开化。法国总统杰克·希拉克利用一切权力，试图让法国候选人特里榭当选。最后，特里榭败在欧盟主张稳定的鹰派手中，欧盟得以实施马斯垂克条约和其中关于稳定的决议。这个条约阻碍了经济繁荣，迫使各国采取紧缩的货币政策。

几年之后，就可证明欧洲央行是否会像美国的联储会采取明智的货币政策，还是像德意志联邦银行般一味地追求稳定。我不敢对此预测，但我希望法国人和意大利人发挥他们的力量，促进经济发展。欧洲经济发展取决于欧洲央行内部的斗争如何结束，如果主张稳定的鹰派继续当道，经济就不会迅速成长，也不会消除失业现象。如果美国一如既往，仍然是带动世界经济繁荣的火车头，就能避免经济萧条。欧洲大型企业集团中，只有在全球有影响力的公司才能有发展机会，那些只在本国市场经营的公司则无发展机会。反之，如果欧洲央行回到不仅考虑货币供给额，也考虑经济发展的政策上，我们将会看到欧洲经济高度繁荣。到那时，所有障碍都会被消除，证券交易所中的指数水准会继续看涨。

# 第六章 行情上涨的秘密

贷币之于证券市场，
就像氧气之于呼吸，
汽油之于引擎。

假如证券市场只受前一章所描述的因素影响，就会随着经济的发展缓慢上涨。但我们知道，狗是来回奔跑的，证券市场在长期的经济成长过程中会多次反复大涨大跌。大涨之后，证券市场虽然很少跌回上涨前的水准，但在这段时间，行情将来回波动得非常厉害，主要受中期性因素影响。一是货币。货币对证券市场而言，就像氧气之于呼吸，或汽油之于引擎一样重要。没有货币，即使未来形势大好，世界充满和平，经济一片繁荣，行情也不会上涨。如果没有剩余的钱，就没人买股票。我们可以说，货币是股票市场的灵丹妙药。

## 货币+心理=发展趋势

但是单靠货币，股票市场就不会起变化，还要加上另一个心理因素。如果投资大众的心理是负的，即没有人想买股票，市场也不会涨。只有在货币和心理都呈正面时，股票指数才会上扬。两个因素都是负面时，指数就会下跌。

如果一个因素呈正面，另一个因素呈负面，发展趋势就会持平，也就是说，证券市场的行情平淡、无趣，不会出现大幅波动。我的公式由此得出，同时也成为我的信念：

货币 + 心理 = 发展趋势。

如果某个因素略占上风，便会通过略为上涨或下跌的指数呈现出来，这要看哪个因素更强。只有当一个因素发生逆转，使两个因素同时变成正面或负面时，才会出现行情大涨或大跌。

结论是，如果大小投资者愿意，且有能力买股票，指数就会上涨。他们愿意购买股票，是因为他们对金融及经济形势持乐观看法：他们购买股票，是因为口袋里有足够的资金。这就是行情上涨的全部秘密，即使是经济呈现不利的态势，都适用。反过来，当一般大众非常悲观，负面评价未来，而且缺少现金，一方面因为大众可以将钱投资到其他地方，例如房地产、储蓄或债券，赚取更高的利率，一方面也因为贷款取得更加困难。如果缺少想象力和货币，指数就会跌到谷底。

我认为对中期证券市场，货币比想象力更具决定性作用。如果货币因素是正面的，那么到了一定时候，心理因素也会变成正面的。

如果有很多剩余资金留在金融机构内流通，据我的经验，这些流动资金的一部分最晚在 9 到 12 个月之后，便会进入证券交易市场，虽然此时大多数的投资者对股票仍持负面态度。在此阶段，第一批的买进交易遇到的是完全净空的市场，这时指数开始上涨。上涨的指数使大众对股票产生兴趣，于是继续出现买进交易，吸引新的买王，如此循环不已。

股市评论家和分析家总能为行情上涨找到原因，因为经济面从来不是全黑或全白的。如果无法说明当前的经济现状，必定会用未来的正面发展来解释上涨趋势。接着，正面的评价逐渐改变大众的态度，货币不断流向股票市场，使行情继续看涨。

反之亦然。如果货币因素是负面的，大众的心理状态在9到12个月之后也会转成负面状态，即使经济第一线的消息仍相当正面，如果没有新的资金，行情还是无法上涨。如果大家期待的指数上扬没出现，第一批人就会失望地退出股票市场。第一批卖出交易把指数压低，引发进一步的股票出售，如此循环下去。这时评论家仍然可以找到负面消息，当成指数下探的理由，这时，整个气氛已经改变了。对于中期的证券市场发展，货币至关重要。因此，投机人士必须密切注意影响货币的各种因素。

## 证券市场像二手车市场

我已经解释过，证券市场不是经济状况的温度计。指数发展经常和市场状况背道而驰，景气好的时期，企业把所有资金用于直接投资，过去20年，特别是美国，并未看到股票回购的现象。

相反地，当企业需要筹措资金时，会向股票市场借钱，扩充资本，如此一来，上市公司的股票数量增加，供给因此扩大。由于资产重组，某些公司甚至还会出售其他公司的股票，导致市场出现数量庞大的新股票。

证券市场和二手车市场相似。每当大汽车公司推出新车种时，汽车销售商便异常活跃，甚至在价格上对客户妥协，或免费提供特殊装备，这时二手车的价格就会下跌。反之，如果新车交货期要等上几星期或几个月，而且新车种并不吸引人，也根本不可能在价格上让步，这时二手车市场就会活跃起来，价格也随之攀升。

在证券交易所上市的股票便是资本市场上的二手车。如果资本市场充斥许多有趣的新上市的有价证券，证券交易所的上市股票就会下跌。但如果新的投资标的越来越少，剩余资金就会流入证券交易所，也就是说回流到“二手车”市场。

后一种情况发生在经济萧条时。由于经济和需求停滞，新投资的利润效益无法获得保障，企业因此放弃或延后投资计划。他们并未通过增资来发行新股票，反而用剩余资金买回自己公司的股票，以留住股东。当资本积累超过了工业投资的需求时，剩余资金就会自动流向证券交易所，投资到已经上市的有价证券中。

同时，经济危机让很多人害怕失去工作或收入，因此更加处心积虑赚钱，于是消费萎缩，存款增加。一部分的存款会转移到证券交易所，不管是直接通过投资基金、和基金相关的人寿保险，还是通过其他途径，结果总是相同：需求增加。因此在经济萧条时，就会出现红利和企业利润减少，而股票指数却看涨的现象。

## 资金闸门等着打开

德国的战后发展就是典型的经济形势和证券市场反向的实例。大规模的重建从1948年的货币改革开始，当时，证券市场可以运用的资本很少，尽管指数缓慢上升，但股价仍然停留在相对较低的水准，没有恢复到原来的实际价值，虽然当时的心理因素完全是正面的。

1952年以后，工业大规模扩张，景气吸收了所有可以利用的资金，用于证券交易的资金所剩无几。每天早晨，我在报纸上都能看到自相矛盾的奇怪现象：公司取得傲人的成绩，红利增加，而股价却不停下跌。

为了在经济景气复苏阶段预防通货膨胀，德国政府采取限制贷款的措施，迫使企业发行新股票或债券。德国最大的几家企业发行利率超过8%的债券，在当时是非常高的利率，但大家却没有足够的资金购买这些债券，虽然大家普遍都很乐观。

股票市场看来毫无希望，当工业扩张的速度放慢，甚至出现停滞时，联邦银行放宽贷款规定，打开资金闸门。吸入第一口“氧气”后，市场重新活跃起来，证券价值直线上升，速度之快，前所未见。

多年来被压抑的涨势潜力，引发了真正的指数狂飙，因为资金和心理因素同时转成正面。正如我所确定的，资金是证券市场的氧气，过去如此，将来亦复如是。

## 通货膨胀：只有与之对抗才有害

证券投资者怕通货膨胀，就像魔鬼怕圣水一样。他们时刻警惕，睁大眼睛，观察每个统计数字，不管是消费价格、生产价格、还是计时工资或工资指数，只要有一个数字提高，气氛就会变坏，指数就会下跌，很多人因此断定通货膨胀不利证券交易。但这种观点只有部分是正确的，通货膨胀对股票交易并无负面影响。甚至，追根究底而言，股票和其他有形资产一样，必须靠通货膨胀带动。

只有中央银行为消除通货膨胀而采取的各项措施，才会对证券市场产生负面作用。前面描述过的德国战后发展的例子，就是这种情形。当时景气过热，以致联邦银行通过提高利率来降温，以免引起通货膨胀。

大家可能会问，如果像我在前面一章所说的，通货膨胀是刺激证券交易的兴奋剂，为什么联邦银行要消除通货膨胀呢？这就像酒精和尼古丁，沾上一点，算是兴奋剂，但是如果连续不断抽烟和酗酒，结果就不然。说得白一点，通货膨胀就像是加温中的浴缸，坐在里面很舒服，但必须小心，因为随着水温加热，水也会烫伤人。

通货膨胀如果失去控制，就会导致经济危机。当经济高度繁荣导致需求增加，生产和服务无法满足需求时，供需失衡将导致商品价格上扬，由于工业需求提高，重要的原料价格上涨。

一段时间后，零售价格也会受到影响，一般家庭的生活开销费用增加，购买力降低。于是工会要求增加工资，工资增加后，使生产成本也增加、服务价格上涨，零售价格继续上涨，工会则再要求调整工资。于是形成工资和价格互抬的螺旋，最后导致急骤性的通货膨胀，结果是货币严重贬值。

为免遭货币贬值影响，民众纷纷提出存款，购买有形资产，包括黄金、名画、邮票、古董等，资金从金融体系中被抽走，经济体缺乏投资资金，导致大批裁员，最后形成严重的经济危机。

金本位制时期的法国就是这种情况。法国人极重视黄金，所以他们把大部分的存款投资到黄金上，而经济体恰恰需要这些资金，导致法国经济持续多年萎靡不振。直到70年代，金本位制取消后，法国经济才得以复苏。

但联邦银行进行的却是一场像堂吉诃德大战风车一样的战斗。通货膨胀是无法预料的，联邦银行的银行家一再引用德国发生过两次严重通货膨胀的教训，但这种比较非常可笑。那两次通货膨胀均发生在战争失败后，德国一片废墟，能用马克购买的东西都遭到破坏。我们怎能用当时的局面和今天做比较？何况20世纪70年代发生的通货膨胀，并不是需求型通货膨胀，而是外在刺激，即两次石油危机引发的。

投机者必须密切关注通货膨胀，也应估计各国中央银行对通货膨胀的反应。

## 通货紧缩：证券市场最大的灾难

事实上，通货紧缩现已不复存在。金本位制时期，中央银行为了维护本国货币，有时不得引发通货紧缩，但今天，各国中央银行已拥有自主权。通货紧缩时，货币供给额持续短缺，可利用的流动资金越来越少，消费者什么也不想买，因为明天买可能会更便宜；企业也不进行投资，因为他们生产的产品价格或提供的服务，乏人问津，价格不断下跌。在这种情况下，股市崩盘显而易见。

这时只有一样东西有用：现金。我一直批评德国联邦银行，虽然联邦银行没有造成真正的通货紧缩，但他们离通货紧缩很近了。联邦银行把货币地位提升，造成德国人膜拜神圣的马克，但谁膜拜货币，就不会进行消费和投资，因而妨碍了德国创造第二次经济奇迹。

## 中央银行：利率的独裁者

过去几年中，美国联储会主席格林斯潘成为全世界金融市场最重要的人。自从他在道琼斯指数达到6000点时表示华尔街过于亢奋后，大家便全神贯注聆听并分析他所说的每一句话。大家称格林斯潘是利率的独裁者，他的确是，但大家高估他的力量了，因为连他自己也不知道，3个月后该如何控制利率。有太多因素要考虑，包括：工资、原料价格、消费、生产率等。和其他人一样，格林斯潘可以预测经济发展，但他对股票指数飙涨的警告，也只约束了华尔街几天。

如果利率发生变化，对证券市场来说，便意义重大。借着短期利率，中央银行决定银行以何种利率进行金融重整。银行把利率加上获利转嫁给客户。利率是支付货币的价格，利率越高，即支付货币的价格越高，将导致贷款的需求降低；利率越低，贷款的需求越大。中央银行就是通过这种途径，控制货币供给额。

如果经济处于衰退或停滞，中央银行就会降低利率，令企业或企业家以较优惠的方式贷款，此时企业负责人会计划新的投资，因为在利率低的时候，较有利投资。同样地，如果消费者必须支付的贷款利率变低，他们便愿意以贷款来购买房子、汽车或其他消费品。因此，消费品的需求便增加了。

理论上是这样运作，但实际上的情况却是由于经济衰退，企业主看不到需求，也就减缓了投资计划。而来自经济方面的消息很糟，悲观情绪在企业家和大公司负责人中蔓延，在这种环境下，连消费者也害怕失去工作，因此尽量减少支出和负债。

因此从中央银行取得的新资金，并没有用于投资或消费，而是流入股票市场，这种情况出现后，证券交易所的指数上涨，甚至大涨，尽管来自经济面的消息仍然很糟，而且企业的获利和红利下降，而这一过程还可能持续一年多的时间。

只有当经济形势逐渐好转，投资和消费才会增加，同时也会带动企业获利。如果经济发展适度，不会发生通货膨胀，中央银行便不会马上提高利率，而让利率维持在低水准，以免影响经济成长。在此阶段，直接投资和消费也不会占据全部资金，因此流动资金可以继续用于证券市场。随着引人注目的企业获利，股票指数继续上涨，这时基本面也看好，引起投资人对股票指数的幻想，让行情迅速看涨。

20 世纪 80 年代初，自美国联储会成功打消由石油危机所引发的通货膨胀恐慌后，便一直试图保持这种平衡。

虽然有些波动，美国联储会还是十分成功的维持平衡，这是道琼斯指数史无前例从 1000 点以下暴涨到超过 11000 点的原因。从今天的角度来看，我只把 1987 年 10 月发生的股票崩盘看成是景气过程中的小小停顿。联储会多次提高利率，加上过度投机，导致 2000 点的这次崩盘。但崩盘后，联储会降低利率，过没多久，华尔街再次创下新的指数纪录。

只要中央银行能够维持这种平衡，股票就会在波动中继续上涨，下跌趋势也会消失。很多事实都证明这点，因为今天各国的中央银行都有自主权，只要经济面显出一丝过热迹象，就会立即采取最简单的步骤加以控制。

同样，当经济面临衰退威胁时，也能立即降低利率。但如果某个时候，中央银行不再能在衰退和过热之间保持平衡，而经济成长失去控制（美国目前就有这种危险），再加上通货膨胀率增加，后果就会相当严重。

在这种情况下，为避免通货膨胀失去控制，中央银行不得不大幅度提高利率。利率提高后，迟早会产生深远影响，不仅影响心理，也影响经济面和证券市场。首先影响的是股票市场，且是负面的方式。由于利率上涨，货币供给额缩减，流动资金渐渐停止流入证券交易所。以融资方式购买股票的投资者，由于贷款费用提高，不得不卖掉股票。此外，高利率的存款利率和股票竞争，也使股票指数开始下跌，而且在业界消息仍然有利时，大部分的股票就开始下跌了。

## 利率敏感度

因高利率而导致的经济危机，要等到企业因为筹资费用太高，停止或撤回投资时才发生。出于同一原因，消费者也会减少贷款，于是货币需求相对降低。原则上，至此通货膨胀也会缓和，因为中央银行可能已降低利率。如果通货膨胀已处在工资和价格的螺旋阶段，或处在通货膨胀恐慌阶段，货币贬值就要持续一段时间。

证券市场对利率提高或降低的反应有多快，要看大众的态度。如果市场参与者和几年前一样，对利率非常敏感，他们就会在通货膨胀刚出现时，作出反应，卖掉股票，停止买进股票。于是预期中央银行提高利率的心理出现，等到利率真的提高时，大家的反应反而变小了。

相反地，如果投资者重视企业获利及经济指标，就可能发生即使中央银行多次提高利率，股票行情仍然继续上涨的局面。此时，就会产生失衡现象，同时也为投资者提供机会。因为，最迟 12 个月后，指数会跟上货币。因此中央银行强势提高利率后，指数回跌只是早晚的事，而之前的气氛越热烈，崩盘的情况就越厉害。如果谁能看出这种失衡，便可及时退出市场，而放空的投机人士便能大捞一笔。

1987 年的华尔街便曾说明这种情况。联储会从年初便开始多次提高贴现率，尽管如此，股票指数仍然创下一个又一个的最高纪录，而指数从八月份的 2722 点，跌到 10 月 19 日的 1800 点，也是一个相应的纪录。这当然也给投机人士提供了机会。

只要利率下降，大家就毫不迟疑地进入股票市场，这种现象过去几年来经常发生，而我对 20 世纪 70 年代曾发生的事，至今记忆犹新。1967 年初，当约翰逊总统希望通过提高税收，控制美国的通货膨胀，并向国会提交了和此相关的法律时，他把利率降低了一段时间，维持在低水准，提高货币的供给量。

约翰逊总统在 1967 年初宣布："我将尽一切力量降低利率。"听到美国总统说出这样的话，投资者马上从弹簧床上跳起来冲进华尔街。随后，指数大涨，而当提高税收的法案在国会搁置了两年时，股市涨势更加迅猛。

## 债券：股票的竞争者

除了短期利率，长期利率对货币同样具有重要影响力，主要来自资本市场中的债券利率，债券也被称作抵押债券或利率固定的有价证券。债券的利率越高，对股票的压力越大。所有投资者，无论是大型保险公司或退休基金的基金经理，还是小储户，都必须选择一种投资方式，股票，还是债券？

关键在债券利率的高低，如果债券利率高于通货膨胀率和股票红利，大家就会选择债券。如果长期债券利率低，投资者便会甘愿冒着更大风险，转而投资股票。结果是债券市场利率越高，可供股票市场利用的资金越少，反之亦然。

长期利率不是由中央银行，而是由供需决定的。如果国家或企业因筹资需求增大，而大量发行债券，便必须提供具吸引力的利率，才能把债券推销出去。景气好的时候，企业为了筹集资金，不仅可以发行股票，也可以发行债券集资。如果发行量超过需求，就必须提高利率。

反之，如果国家或企业需要的新资金数量较少时，长期利率就降低。

短期和长期利率彼此关联，例如当短期利率和长期利率一样高时，储户就会将资金放在短期投资，因为当短期也能获得同样高的利率时，没理由长期搁置资金，于是对长期债券的需求也就降低。

如果情况相反，长期债券利率明显高于短期利率，投资者就会争先恐后投资长期债券，但企业却只愿以便宜的短期利率筹措资金，结果是，对长期固定利率债券的需求上升，而供给量却下降，使行情上涨。在这种情况下，还会出现所谓的利率差交易，操作情形如下：大家先去贷短期款项，假设利率为3.5%，然后再投资到利率7%的10年期债券，如此几乎可以不用任何资金，就每年赚取3.5%的利率差价。如果许多投机人士、资金经理和产业管理人蜂拥投入，10年期债券的需求当然增大，就会让债券的行情上涨，同时也降低了利率差价。

但是利率差交易的风险比想象的大，如果利率在短期内大幅度增长，10年期债券的筹资费用就可能增加，超过该债券的收益，而这种债券大家必须保存10年。当然，投机人士也可随时卖掉债券，但如果利率已经涨到高点，投机人士就会在债券上蒙受巨大损失，因为债券的行情总是不断变化，让利润率和实际利率相对应。

一般情况下，在由供需决定的债券市场，短期和长期利率间的依赖关系已被考虑。只要通货膨胀略微增加，中央银行也如预期提高利率，长期利率便立即开始上涨。相反地，如果由于经济成长衰退或物价上涨率减小，中央银行如预期中调降利率，债券利率也会下降。有时就会出现这种情况，长期债券利率在一定时间内，跌到低于短期利率的水准。

## 外汇：美元在做什么

引入欧元时，不断有人问我欧元对证券市场是有利，还是不利。我当时的答案和现在一样：我不知道，而且我相信没人会知道，正如大家不大可能知道刚出生的婴儿会是天才，还是白痴一样。

大家关心这个问题是必然的，因为外汇会间接影响货币。中央银行不但要关注本国货币的稳定性，也要注意本国货币汇率的变化，不然怎么称中央银行是货币的守护者呢？当本国货币疲软，可能导致通货膨胀时，中央银行会先以外币购买本国货币，通过干预外汇市场支持本国货币。但如果中央银行的外汇存底不够，那么就只剩下提高利率这一途经。

相反地，当本国货币增值太快，以致出口工业失去国际市场竞争力时，便会降低利率。瑞士和德国常年存在这个问题，然而联邦银行一直只重视货币价值的稳定性，所以失去了几十万个就业机会。

另一个影响因素则是在两种货币间进行的利率差交易。如果一个国家的利率特别低，另一个国家特别高，当然就可以用利率低的货币贷款，投资利率高的货币。过去几年，在日元和美元间所进行的利率差交易，规模大得惊人。大投机家和所有的长期基金，都花费几十亿美元，以便宜的日元贷款筹资，购买美国债券。

购买利润率为6%的美国债券，再以利率为1%或2%的日元贷款筹措所需资金，这是一个不需数学家就能想出的主意，假如我年轻40岁，也会这样做。赚取7%的利率，只用1%还债，连小孩都想得到。其中的风险只在某天日元增值过高，届时汇率上的损失，将吞掉利率差额，甚至损失更大。于是长期基金惊慌失措卖掉手里的美国债券，使债券市场陷入巨大卖压中，令美国长期利率向上飙升。如此一来，美国的货币走势竟纯粹因为日元而过于坚挺。而这种危险也存在于当日本经济状况好转，日本银行提高利率时。即使发生原因截然不同，但结果却是一样，如果日元贷款利率过高，投机人士同样必须结算兑现，卖掉美元债券。

1994年，当联储会略微提高利率时，长期债券市场便经历了类似情况，金额达几十亿美元的债券买进交易，全部以低息的美元短期贷款筹措资金。真正的恐慌接踵而来，一连几天，大家几乎无法把长期的美元债券卖掉，一家长期基金因此损失了几十亿美元。

正如读者所见，金融市场处处潜伏着无法预料的事，影响货币走势，投机人士必须密切注意，从中作出自己的结论。如果结论正确，货币走势便会按预期般的发展，之后只需再对市场心理进行分析，就可以判断出股票市场的未来发展趋势。

## 大众怎么想

之前提过1987年发生的事，当货币转为负面因素的9个月后，证券交易所崩盘。1994年，债券市场崩盘时，利率提高幅度几乎和1987年一样大，但证券市场仅略微下跌，当货币因素稍有好转，成为正面因素时，证券市场便开始暴涨。1994年和1987年间的差别何在？答案是大众的心理状态。

1987年，过分乐观的情绪占主导地位。25岁的哈佛大学毕业生进入投资银行时，可以在宝马、保时捷、宾利或美洲虎汽车间做选择。1994年则相反，虽然道琼斯指数在此之前创下新的纪录，却有更多的看跌教父，而非乐观人士，大投机家多从事空头投机，而不是多头投机。

事后做分析并不难，但大家真能估计大众的未来心理吗？大众心理随时都会发生逆转，原则上，这是一种心理分析，不必分析每个人，而是分析大众的心理，因为证券交易是种大众心理学。

在我1962年出版的第一本书《这就是股市》里，我还认为心理是无法估计的。我曾把此书寄给堂兄卡托纳看，卡托纳住在美国，但曾在德国念大学，是经济学教授，专门研究经济心理学。他的专著《大众消费》《心理经济学》《消费者和企业家行为》，直到今天还是个受冷落的领域中的作品。读过我的书之后，卡托纳寄来一封信，表示他很高兴读了我的著作，大部分认同我的看法，只有一点，他和我的看法不同，我认为证券市场投资者的心理反应，是无法估计和计算的。“他们是可以衡量和估算的，”卡托纳补充说：“等我夏天去巴黎时，再向你解释。”遗憾的是，不久后，他就去世了，也永远欠我一个解释。

后来，我对此思考良久，是什么原因促成他认为大众心理是可以衡量的。这个问题对投机人士而言，十分重要，经过长期的思考，我得出一个看法，每个人或大众深层的心理动机和反应，实际上无法预料，但加在一起的强度，亦即大众心理反应的强烈程度，还有出现的时机，有经验的证券交易人士是可以感受到的。说预言也许太沉重了，但我为此设计一个模式，随后会对这个模式进行解释。

# 第七章 证券交易心理学

投资者分两类，
固执的和犹豫的，
胜利者是固执的人。

我把证券市场对好、坏消息作出反应的强烈程度，称为市场技术状况。和多数人相反，我所理解的市场技术不是图表、量能图、随机分析方法，或其他乱七八糟的东西。**对我来说，技术状态只和一个问题有关：股票掌握在什么人手里？**

我把投资者分成两类：固执的和犹豫的。固执的投资者，是按我的解释下的投资者和投机人士，长期来看，是证券市场中的胜利者，他们的获利是由犹豫的投资者支付的。而证券市场中的玩家，就是犹豫的投资者。

固执的投资者和犹豫的投资者差别何在？**固执的投资者须具备四种要素：金钱，想法，耐心，还有运气。**当年普鲁士陆军元帅冯·莫特克曾把这四点视为作战胜利不可缺的四要素。

## 是否有钱

根据我的定义，一个人是否有钱，关键不在于他有多少财产，而其资本是否完整无缺，有没有负债。例如，某人有10000马克财产，但他只花5000马克购买有价证券，而且不负债，这样就算有钱。相反地，拥有1亿马克资产的超级富翁，花2亿马克购买股票，就不算有钱，因为他只有负债（价值2亿马克的股票减去1亿马克的自有资本，等于1亿马克的负债）。在股票交易生涯中，我有时也欠债，而结果几乎都是负面的。记忆中，最痛苦的一次经历是在20世纪50年代，当时纽约证券市场大涨，在我看来，当时具有革命性的新工业，如电子和电脑业前景看好，于是我买了这些企业的股票，因为想提高利润，我另外又融资买进，直到用完所有的信用额度。

当时美国总统是艾森豪威尔，他是战场上的英雄，却不是天才。艾森豪威尔在美国人民心中享有崇高威望，有关他和德国影星玛莲·黛德莉的恋爱谣言，对他丝毫无损。对华尔街来说，人民信任他们的总统，是非常重要的，至于他的政党属性，则是次要的。还有一年就将举行下届美国总统选举，大家相信艾森豪威尔将军将连任美国总统。我想，证券市场会提前反映。

但后来发生了出人意料的事。1955年，艾森豪威尔总统突发心脏病。第二天，华尔街股票下跌了10%到20%，跌入谷底。我被迫履行义务，向经纪人追缴保证金，但由于信用额度已全部用完，不得不卖掉大部分股票，当然全都赔钱。这时艾森豪威尔能否成为总统候选人，似乎成了问题，大家担心事态继续恶化，严重的不安情绪蔓延开来。很多像我一样欠债的同事也不得不卖掉股票，于是更加快了下跌速度。几天后，艾森豪威尔的健康状况迅速好转，证券市场开始上涨，很快恢复到原来的行情，某些股票后来甚至涨了十倍，但对我来说，为时已晚。

几年之后，我再次陷入类似局面。1962 年 2 月，我全力投入巴黎的证券市场，但这次没有借钱。当时，阿尔及利亚正在打仗，法国总统戴高乐将军想放弃阿尔及利亚，但因为法国人民在这个问题上的态度不统一，他不得不反复权衡。这时又发生了意想不到的事，四名法国将军企图发动反戴高乐政府的暴动，他们想阻止戴高乐放弃阿尔及利亚，国家危机一触即发。当天晚上，巴黎的气氛高度恐慌，大家还传说伞兵占领了巴黎。

我决定第二天不到证券交易所去，我干吗要再加重精神负担呢？于是我决定去“路易斯之家”餐厅（一家国际知名的捷克餐馆），它是当时影视界和新闻界名人聚会的地方。当证券交易所的一位同事偶然走进餐馆，告诉我发生的事情时，我正在研究菜单，根本没想到证券交易所。他告诉我，真的发生了血腥的屠杀事件，股票崩盘。“是吗?”我轻松地问他，心平气和地享受午餐。

我对戴高乐将军在这场冲突中胜出，深信不疑，而且因为没有借钱，所以也没什么好担心的。果然不出我所料，危机很快过去了。晚上，戴高乐将军发表著名的电视讲话，他向法国各界呼吁，这个时候全法国都站在他这边，四名不忠的将军缴械投降，从证券交易的角度来看，已经弥补了一半损失。第二天，“恐怖的屠杀”已经被人遗忘了。

**从这两次经历中，我得出肯定的结论：绝对不要借钱买股票。**

## 要有自己的想法

明智的投资者都有想法，至于想法是否正确，开始时无关紧要，重要的是必须三思而行，而且有想象力。投资者必须相信自己的想法，如果已定出战略，便不可再受朋友影响，也不可因当时的气氛或时事而改变初衷，否则再天才的思虑，也帮不上忙。因此，我还要在陆军元帅冯·莫特克的四个要素上，再加上一个要素：信念。

我在投机沙皇和德国债券的例子时，已经解释过想象力对投机人士的重要性。我非常赞同爱因斯坦说过的话：“想象力比知识更重要!”

以下经历可以说明，有时投机家的想象力是横际无涯的。战争刚结束时，意大利的形势非常特别，这个国家几乎没有遭受战争损失，大多数工厂完好无损，但由于原料短缺，工厂无法开工，而且意大利也无法购买原料，因为没有外汇。

意大利和美国共同计划，帮意大利摆脱困境。根据雇佣工作合约，美国向意大利提供毛线、棉花、人造丝等原料，这些原料在意大利的工厂加工后，一部分成品被当成款项运回美国，其余则在国内市场销售，甚至出口到欧洲其他国家。从

1946年开始，意大利的纺织业欣欣向荣，米兰证券市场也获新生。

在美国，大家对欧洲的评价比较乐观，当我从美国到欧洲时，惊讶地发现，米兰大教堂附近的高级商店，各种棉制品、丝制品和毛线制品琳琅满目。我立即萌生投机兴趣，我向一位朋友咨询，他是米兰证券交易所的经纪人。“现在才投资太晚了，”他说：“好的股票已经涨得太高，行情太贵，而那些行情不好的股票，又没有看涨的理由。”我刚从美国回到欧洲，对欧洲的情况还不熟悉，他肯定比我了解得多。于是我对他的看法表示满意，只好放弃吃这块蛋糕。

几星期后，《新苏黎世报》刊登的一条小消息引起我的注意。上面说加利福尼亚的大型汽车制造厂凯萨弗莱哲公司刚刚和杜林的菲亚特公司签订合约，意大利菲亚特公司每年将以雇佣合约的形式，生产10万个引擎。我心想经营方式和纺织品如出一辙，股市的下一轮新星也许就是汽车了，几分钟后我便订出计划。

证券交易所开盘时，我问经纪人：“你说，最差的汽车股票是什么？”

“你指的是最好的吧？是菲亚特。”

“不，是最差的。请你打听一下。你可能觉得很怪，但我的确对最差的汽车股票感兴趣。”

“好吧，”说完后，他便消失在人群里。几分钟后，他回来了。

“听说是法西尼（ISOTTA－FRASCHINI，I. F.），这家公司快要破产了。”

这个名字唤醒我的记忆，让我想起战前那种加长的汽车，很多电影明星和大银行家都喜欢开这种车。I. F. 这两个曾经象征豪华生活的大写字母，难道今天意味着“处于财政困境的企业”了吗？

“你肯定？”我问。

他再次消失在拥挤的人群中。

“是的，再清楚不过了，法西尼几乎快破产了。”

“好，现在我想买进一批这种股票。”

他脸上露出狐疑神色，不过还是以约150里拉的价格完成订单。满足投资乐趣后，我离开证券交易所，几天后，又离开这座城市。当我再次到米兰时，已经过了好几个月。经纪人马上打电话给我：“亲爱的朋友，恭喜你想出这么好的点子。你是怎么想出来的？你千万别说你什么也不知道。真是令人难以置信，法西尼已经涨到450了。你一定想卖掉吧？”

“绝对不卖！”我指示他买进更多的法西尼股票。这次，他马上就听从了。连我自己都感到惊讶，因为一个凭空冒出的想法，竟然迅速获得成功，于是我开始关注股价变化。

这个奇迹是可以解释的，因为我的想法正确。在经济重建过程中会有带动的作用，也就是复苏会从一种产业换到另一种产业。意大利的汽车工业一向拥有良好声誉，不时有外国金融人士和工业家在此出现，考察意大利的经济，制定计划，让意大利经济复苏。为了对法西尼公司进行重组，重新恢复活力，这群人中有人接管了法西尼公司。今天，这家公司已经消失，和别家公司合并了。但对我来说，这是我最冷静、最成功的一次投机，永远留在记忆中。

## 有耐心才能进入市场

“大家在证券交易所里赚钱，不是靠头脑，而是靠坐功。”资深的法兰克福投资家如此说。他们说得真对，**耐心也许是证券交易所里最重要的东西**，而缺乏耐心是最常见的错误，**谁缺乏耐心，就不要靠近证券市场。**

我把“投机中赚的钱，是痛苦钱。”当成座右铭，先有痛苦，然后才有金钱。开始时出现的总是别的东西，最后才如大家所想那样。如果投机交易中的各个要素都有效，剩下的只是时间问题，但大多数投资者都缺乏对当中发生的狂风暴雨处之泰然的耐心和毅力，他们一看到指数下跌，便立刻惊慌失措，卖掉所有股票。

我为证券市场列了一个独一无二的数学公式：

$2\times2=5-1$

我用这个公式表示，最终发生的事情都会应验。2 乘以 2 等于 4，是最后结果。不过我们不是直接得到这个结果，而是绕了一圈。

这个公式刚好将艺术和科学分开，因为科学工作不可能用这样的公式计算，2 乘以 2 必须直接等于 4。如果一名工程师造一座桥，从数学角度看，他的计算必须准确无误。如果照 2 乘以 2 等于 5 减去 1 这个公式造桥，还没等到得出 4 这个结果，桥就已经在 5 的时候倒塌了。如果投资者没有足够的耐心坚持到“减去 1”的应验，也会提前（在不祥的数字 5 出现时）崩溃。因此他的逻辑虽然最终保持正确，但已无法从中获利。

## 还需要一点运气

投资者当然也需要运气。战争、自然灾害、政局变动、新发明或骗局，都可能破坏投机的前提条件。例如，投资者把赌注押在生产减缓某种严重疾病，例如风湿病的制药企业上，但没过多久，一家和制药企业竞争的生物工程企业，却出人意料地发现治疗风湿病的药品，这时投资者的预测便永远不会应验。他的分析虽然正确，但治疗药品的发现彻底改变了前提条件，让这条件变得毫无价值，这是他无法预知的。除了金钱、想法和耐心外，固执的投资者还需要运气。只要缺少其中之一，都会马上变成犹豫的投资者。

投资者如果缺少资金，甚至有债务，就不可能有耐心。似乎永远都是如此，开始时，一切都是另一番面貌，股价和投资者的设想背道而驰，他不得不在事情对他有利之前，便售股兑现。

投资者如果没有想法，就不会有策略，在此情况下，也不可能有耐心，因为他只会受情绪支配，随着众人起舞，别人买，他也买；别人卖，他也卖。

如果本来就没耐心，那么金钱和想法对投资者也不会有任何帮助。他不可能等到“减一”出现，因为在想法实现之前，只要遇到一点风吹草动，他就会把所有股票赔钱卖掉。

如果他总是一再缺乏最起码的运气，那么总有一天他会对自己和自己的想法失去信心，也会因此再次失去耐心。

股票市场的技术状况，也就是说，市场对好消息或坏消息的反应程度，只取决于一个问题，股票是掌握在固执的投资者手中，还是掌握在犹豫的投资者手里？如果固执的投资者掌握了大部分的股票，好消息就会有活跃市场的作用，而坏消息则不会造成任何反应。但如果股票控制在犹豫的投资者手中，即使特别好的消息也发挥不了作用，相反地，坏消息却会反应强烈。我称第一种情况为“过度买进”的市场，第二种情况为“过度卖出”的市场

## 科斯托兰尼鸡蛋

为了正确判断市场是过度买进，还是过度卖出，大家首先必须了解上涨和下跌的内在结构，因此这两者必须同时观察。**在证券市场，涨跌是对分不开的搭档，如果分辨不出下跌的终点，就看不出上涨的起点，**同样地，如果大家辨别不出上涨的终点，也就预测不到下跌的起点。

根据我的经验，在证券市场里，每一次的行情大涨和大跌（无论是股票、债券、原料还是贵重金属，总之，在任何投机市场）都由三个阶段构成：

——修正阶段；

——调整或相随阶段；

——过热阶段。

因为涨跌的不同发展阶段可以互相转换，所以我用椭圆表示，并称之为科斯托兰尼鸡蛋（参阅附图）。

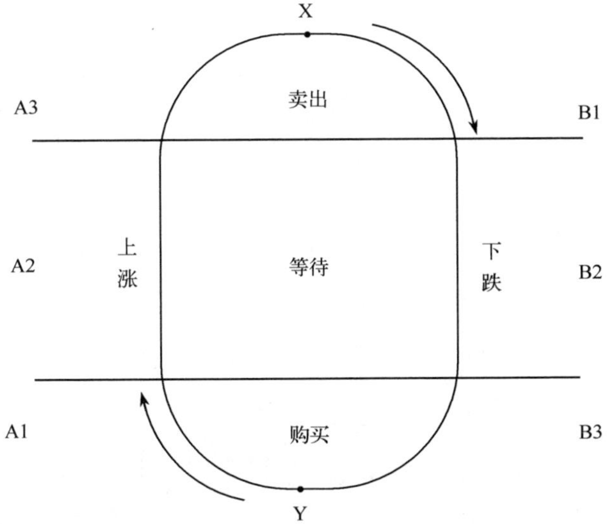


A1＝修正阶段（成交量小，股票持有人数量很少）。

A2＝相随阶段（成交量和股票持有人数量增加）。

A3＝过热阶段（成交量异常活跃，股票持有人数量大，在X点达到最高）。

B1＝修正阶段（成交量小，股票持有人数量逐渐减少）。

B2＝相随阶段（成交量增加，股票持有人数量继续减少）。

B3＝过热阶段（成交量很大，股票持有人数量少，在Y点达到最低）。

在A1和B3阶段时，购买股票。

在A2阶段，等待和保留股票。

在A3和B1阶段，售出股票。

在B2阶段，等待和保留现金。

我以1982年至1987年8月出现的行情大涨，和随后发生从当年8月持续到1987年10月19日的行情大跌为例，解释证券市场循环过程的内在结构。

## 忧郁的1982

我们从1982年椭圆的最低点，即过度下跌阶段的终点开始。此时，指数已在谷底滞留一年，在最低点时，《商业周刊》曾发表了标题为《股票之死》的专题文章，报道指出没有人愿意再买股票，大家只对黄金、房地产和各种有形资产感兴趣。这种说法并不全然是错的，由于油价危机，通货膨胀率上升到两位数，每个人都设法保护自己的财产，免遭货币贬值之殃。但这种说法也并非完全正确，证券交易所里，半数的真理已成为完全的谎言。虽然表面上已没人愿意再买股票，但在华尔街，每天仍然交易着5000万张股票，这意味着有5000万张股票被卖掉，但同时也意味着，有5000万股票被买进。证券交易所里，每一笔卖出交易都对应着一笔买进交易，否则就不会有成交量，也不会有指数。“没有人想买”，或“没有人想卖”，这种话是证券交易评论中最愚蠢的措辞。

但在1982年那些阴郁的日子里，买进5000万张股票的买主是谁？显而易见，是固执的投资者。他们在经济面的消息非常糟糕时，以低廉的价格买进股票，随后上涨的第一个阶段，即修正阶段开始了。这个阶段由于成交量很少，已经跌深的指数调整到比较切合实际和合理的水准，这时的买主仍然是固执的投资者。1982 年底，当时比较正面的货币因素助长了修正阶段。通过之前的高利率政策，美国联储会成功遏止通货膨胀，之后长期利率随之降低。

接着，经济和政治面的消息越来越好，美国从越南战争及美国驻德黑兰使馆人质事件普遍存在的恐慌中解脱出来。巨人苏醒，多数人认为他已经死亡，而我由于有二次大战期间逃亡纽约的经历，所以一直相信巨人只是睡着了。里根总统重新唤醒巨人，帮美国人民找回自信。这时股票市场进入第二个阶段，我称之为相随阶段，在这个阶段，指数随着成交量的增加，和各种事件并行发展。事件发展有利时，指数自然随之看涨，发展不利时，指数便随之下跌。

20 世纪 80 年代中期，各种事件发展都相当正常。石油价格崩盘，曾让西方国家陷入能源危机的石油输出国家组织被击溃，通货膨胀率几乎下降到零。时任联储会主席的保罗·沃科得以继续降低利率，经济呈现出强有力的成长率，企业利润膨胀，而由于一场真正的税务改革，所得税率降低至 28%，营业税率降至 32%，创造出几百万个就业机会。

随着这些十分有利的消息，指数上涨，带动大家继续买进股票。在第二阶段，即相随阶段购买股票的人，我称之为混合型买主。他们既固执又犹豫，属于传统上对股票感兴趣，并且已经积累一定经验的投资者，他们及时发现开始上涨的指数，跟着投入市场，这些买进使指数继续上扬。

第二阶段发展至此，在其他有利事件的推波助澜下，第二阶段会自动过渡到第三阶段。犹豫的投资者买进股票，随着成交量急骤增加，指数一小时一小时向上扬升。指数和气氛交替升高，指数上扬营造出愉快的气氛，后者又推动指数继续上涨，这时指数已不具任何意义，完全由大众的亢奋情绪决定。

牛顿这时也是狂热的投资者，在伦敦股票市场如泡沫破掉一般崩盘时，把所有的钱都赔光了，在这种气氛下，他说："天体的运行轨道，我可以精确计算到几厘米和几秒的差距，但我却无法估算出一群疯狂的人会把指数带向何处。"

## 过热的 1987

1987 年初，市场进入第三阶段，即过热阶段。涨势持续 5 年之久，指数上涨了 200%，深深吸引了许多民众。1980 年和 1982 年期间，犹豫的投资者曾经发誓永远不再进入股票市场，他们失望地以最低的价格卖掉股票，把钱投资到有形资产，而现在他们想立刻再进入股市。

他们总是在媒体报道指数大涨，并且股票成为所有晚会最重要的话题时，买进股票。他们的朋友炫耀靠股票赚取了丰厚利润，在此情况下，他们几乎不假思索地购买各种已经飙涨了很高的股票，不找那些不为人所知、被低估的股票，而是投入朋友们已经从中赚了大钱的股票。总而言之，他们购买的是流行的股票。是谁用创纪录的高价把股票卖给犹豫的投资者？当然是低价买进股票的固执投资者。

过热阶段可能持续一段时间，特别是货币因素依然有利，行情仍然继续看涨。直到所有股票从固执的投资者手中，转移到犹豫的投资者手中，涨势才会结束。这时犹豫的投资者已经没有现金了，他们只有满手的股票，有些甚至是以融资方式买进的，而固执的投资者则握有现金。这时犹豫的投资者，在等待更犹豫的投资者，用更高的价格从他们手里买股票，然而这样的人并不存在。守着现金的固执投资者不会在这样的行情下买股票。之后，当货币因素变得更加不利时，崩盘一触即发。

在1987年初的一次演讲会上，因为我认为过多股票掌握在犹豫的投资者手里，于是提醒大家注意股票增长过热，有一名年轻人提出一个蛮挑衅的问题：

“科斯托兰尼先生，根据我看到和听到的，目前的90%成交量是由基金经理和投资机构吃下的，难道他们也是犹豫的投资者吗？”

我的回答很干脆：“是的，他们当然是犹豫的投资者，他们跟在大众后面跑，既缺乏想法，也没有耐心。”

负责投资机构的基金经理是所谓的金童子，是80年代雅痞的象征人物。投资银行、基金组织和保险公司，用高薪把他们从哈佛大学和伦敦经济学院招聘到自己的交易部门，言明谁签了合约，就可以在宾利、宝马、美洲虎或保时捷等名车中随意挑选。这些自以为是的年轻人，年龄在25岁至30岁之间，他们的经验还不如证券交易所跑腿的小伙子，却可以管理几十亿的资金。1987年8月，他们的资金也用光了，甚至过度投资，不仅在股票市场，也在期货市场。

原料涨势阶段结束后，在期货交易市场中的玩家不得不想出新的投机方法，于是开始从事股票指数的期货交易。股票指数早就存在，历史最久，也最有名的股票指数是道琼斯指数，这只是一个小指数，只反映出30家企业的股票平均指数，就是美国30家规模最大的企业。另外就是标准普尔500指数，正如该名称所反映的，不但包括道琼斯指数的30种股票，还有其他

470 种股票。

期货市场根据标准普尔 500 指数，设计期货交易，交易规模是以 500 乘上指数，照当时 450 点的指数计算，得出的数值约为 17 万美元。为了达成期货交易，大家必须缴纳 6000 美元金额，不到总额的 5%，这和用不到 5% 的自有资本和 95% 的融资从事投机，完全一样。这种比例比 1929 年时还要反常，1929 年时至少必须缴纳 10% 的自有资本。

但期货市场的运作方式比 1929 年的股票市场更为迅速、更有效率。例如大家做长线期货交易，当市场衰退时，经纪人会马上要求补缴必要的保证金，即所谓的差额。如果不补缴差额，期货交易就会自动兑成现金，根据期货交易所的规则，就会迫使经纪人立即进行结算。

## 亢奋之下的失序

这种新型的投机也为套汇开辟新赌场。如果期货比纽约的股票便宜，大的投资银行便通过电脑在芝加哥购买期货，或反操作。就像两根相通的管子，指数套汇把纽约股票市场和芝加哥期货市场连接起来。

1987 年，由于只需缴纳少量的金额，指数期货交易掀起一场肆无忌惮的赌戏。纽约一天成交的股票总额，普遍低于芝加哥各种标准普尔 500 期货交易的额度，这使期货市场成为市场的主导力量。这时，不再是狗摇着尾巴，而是尾巴牵着狗。金童子疯狂交易着，期货市场继续上扬。大家用香槟酒庆祝道琼斯指数创下一个又一个的新纪录，经纪人对越来越高的成交量感到兴高采烈，试着吸引更多的投资者进入这个赌场地狱。

证券交易教父罗伯特·普雷希特，用艾略特曲线预测道琼斯指数在1988年将达3686点，成为投资者眼中的明星。而他的成名也显示股票已经掌握在犹豫的投资者手中了，任何略有经验的证券投资者，都不会跟在自以为能准确预测道琼斯指数的证券交易教父后面跑。大家可能会乐观或悲观，然而普雷希特的所作为，却是对人类理性的一种侮辱。

处在亢奋的状态下，犹豫的投资者感觉不到货币因素已在此时转成负面了。前几年，货币供给额曾是行情上涨的推动引擎，在此期间上任的联储会主席格林斯潘，为了防止通货膨胀，从1987年初到当年夏天，多次调升利率。在资本市场，长期债券利率提高了约两个百分点。8月，道琼斯指数达到2722点，耗尽了全部的能量，指数开始进入下跌的第一个阶段，即修正阶段。

在这个阶段，只需少量的卖出交易，就足以使指数下跌，因为市场缺乏新的买主。从8月至10月，指数首先缓慢下跌，投资者越来越紧张，下跌的指数又导致大家继续抛售股票。10月中旬，市场进入相随阶段。美国和德国间的关系紧张起来。美国对欧洲，特别对德国，存在着巨大的贸易赤字，美国要求德国促进国内经济发展，使美国的企业也能向德国出口。这个要求完全正当，因为德国联邦银行实行过分严厉的货币政策，当时施莱辛格是该行副总裁，联邦银行的货币政策在全世界都遭到批评。

星期四和星期五，指数已经分别下跌100点，跌幅达4%之多，市场气氛紧张到极点。周末，当时美国的财政部长詹姆斯·贝克威胁说道，如果德国联邦银行不准备通过降低利率促进本国经济发展，美国将继续使美元贬值，这时市场落入下跌的第三阶段，即过热阶段。

在这个阶段，仅仅下跌的指数就能引起黑色的悲观情绪，反过来又压迫价格，指数如秋叶般纷纷落下。

10 月 19 日，那些金童子连最后一个要素——运气也耗尽了，由于指数在前一周已经严重下挫，他们手中的期货交易很多都须补缴金额，但他们既不愿意也无法补缴。于是，10 月 19 日开始一连串的强制结算，使标准普尔期货交易继续探底。指数下跌造成的损失，又使其他期货交易需要补缴，于是引发第二波的强制卖出，又造成指数继续下跌。雪崩已无法阻止，除了终止现存的长线期货交易外，金童子还出售其他短线的期货交易，以保全他们在华尔街拥有的股票。他们不愿卖掉股票，宁愿卖空期货交易，因为这样更为简单、迅速，特别是费用低廉。

## 美股长期走势乐观

今天这种策略仍在年轻的基金经理之间流行，他们称之为投资组合保险。这完全是一派胡言，因为这种投资组合保险按照一种模式运作：为了防止火灾，我卖掉房子。我自已也无法理解，为什么连有经验的同行，也说在期货市场可获保障，其实只要一句话就够：我卖掉了。大家只能通过买进卖出期货交易来保全自己，但从长远看，费用非常昂贵。

出售投资组合保险导致市场继续下跌。这时指数套汇交易当然方兴未艾，期货市场的行情一直低于现金市场，相对引起大家在华尔街大量抛售，在芝加哥大量买进。但这些购买交易并不能阻止因大大小小的玩家被迫结算，所造成的指数期货市场跌势，所有人都想穿过这一扇门，就好像在电影院里，有人喊着火了，于是所有人冲向唯一的逃生门，结果，虽然连一根火柴也没有点着，却出现了伤亡人士。10 月 19 日，我碰巧在一位经纪人那里，听到电话铃声不断，客户非常激动地打电话来，但他们不像平时那样下达指令："把 X 股卖掉，并卖掉一半的 Y 股！"那些在高价格时进场的投资者，只发出一条指令："全部卖掉！"到下午四点，交易所收盘时，道琼斯指数已经跌了 508 点，崩盘发生了。

谁会在 1987 年 10 月 19 日这天，以抛售的价格买进股票？当然就是那些固执的投资者了。他们拥有资金，并冷静自持。相对地，犹豫的投机人士却把股票全部卖掉，舔着自己的伤口。大家开始找罪魁祸首，所有投资者都一样，一旦赚了，就是自己的功劳，如果赔了，却是别人的错。罪魁祸首很快就被找出来，是根据程序交易的电脑，可怜的电脑当然承担不起凶手的责任。同样道理，吃不新鲜鱼时所使用的刀叉也不用对消化不良负太多责任，罪魁祸首是变味的鱼，或用华尔街的语言来说，是那些金童子。

美国财政部长贝克的谈话公正与否并不重要，但有如一根针，刺破了鼓胀的气球，证券交易所随之倒塌。假如股票掌握在固执的投资者手里，或许证券市场根本不会理会贝克的说法。然而，令我惊讶的是，第三阶段只持续了一天。指数崩盘 22% 或更多，我经历过无数次这样的情形，但都不会如此快速。我感觉像是生活在美国的欧洲人，向他纽约的朋友抱怨美国的天气：

“冬天太冷，夏天太热，春天和秋天气候也不宜人。”

“你们欧洲不是也有四季吗？”他的朋友问他。

“当然，”他回答说：“但不在同一天。”

当时，许多新闻记者问我是不是赔了许多钱，我回答说：“赔？真开玩笑，我一点都没有赔。我持有的那些股票，即使是现在也比我买的时候高好几倍。”

有人曾向法国最富有的人，多家法国企业的大股东和最大的保险公司 AGF 最重要的股东，提过同样的问题，从这可以看出，那些在证券交易动物园里玩耍的人是何等愚蠢。

只有那些高价买进，低价卖出的人才会赔钱，我没这样做，所以我不紧张。许多朋友在 1987 年 10 月 19 日以后，向我妻子打听我的情况，他们问：“安德烈怎么样？他紧张吗？”“紧张？我看不出来。他和平常一样，坐在沙发上听音乐。”我妻子回答。当我只有全额付清的股票，那么无论过去或现在，指数下跌时，我总是非常平静，多年来这已成为原则。

1987 年，我不再是买方，我拥有足够的现金，甚至卖掉一些股票，因为我估计行情会大幅回跌。当然，人人事后都可以这样说，但我可以证明这一点。30 多年来，我一直是《资本》杂志的专栏作家，1987 年 10 月，我在 9 月份最后一个星期五出版的《资本》杂志上写道：“即使华尔街也不是单行道，因此肯定会再发生下跌情况。”大家可能会认为，这不过是陈腔滥调，这种话谁都会说，因为下跌总是在某个时候突然发生。但我的读者知道，只有看到危险时，我才会发出这样的警告。20 世纪 90 年代，在涨势期间，我经常在专栏里写华尔街，但从来没用过这样的语气。无论如何，我在精神、心理和物质上做好准备，储备现金。之后，不到一个月的时间，便发生崩盘，这是运气。我也无法预知什么时候发生，只是鼻子比较灵敏，嗅出了火药味。

这并不是我在专栏中的唯一预测，该文同时提到："不过从长远看，美国股票市场将看涨，这要归功于苏联。"这个预测完全命中。正如我们所知，今天道琼斯指数比1987年崩盘前，已高出近四倍。苏联和美国间的关系出现缓和，让我可以如此乐观。

让我在崩盘后第一天就如此乐观的，是美国联储会主席格林斯潘说的话："联储会将竭尽全力促进经济发展，如果有需要；我会用流动资金给所有银行洗个澡。"对我而言，有了这句话，就等于解除危机了，重复1929年危机的可能性被排除了。格林斯潘这番话对每一位固执的投资者来说，都是进场的信号。货币成为正面因素，如此看来，下一个景气时期即将到来。

1987年10月19日后，很多想看热闹的观光客前往纽约朝圣。他们心想，华尔街的富翁也许会像1929年那样，从窗户跳下去，但他们空等一场，没人跳楼。虽然有大约5万名的金童子失去工作，但幸运的是他们并未失去生命。这波裁员并不令人遗憾，反倒像是有益健康的清理动作，毕竟是那些金童子把华尔街变成赌场。

接下来是修正阶段，在利多消息的伴随下，过渡到相随阶段。是什么消息呢？苏联解体，德国统一，及新科技时代来临。1998年再次发生过热现象，人人都想进来参与，尤其是德国的新市场，掀起一场狂赌，连不知道股票是什么的人都胃口大开，对股票跃跃欲试。

这种形势下，肯定出现回跌，现在只是缺少刺破气球的针。事实上，已经有三根针了——东南亚金融危机，俄罗斯日益恶化的财政状况，还有格林斯潘对过度投机提出的合理警告，使指数滑落。大家又预测全球将出现经济衰退和通货紧缩，为避免世界金融体系崩溃，美国联储会再度打开货币闸门，这一举措对固执的投资者来说，是进场的明确信号。货币成为正面因素，指数迅速恢复，速度几乎和下跌时一样快，没别的可以期待了，经济学家预测的经济萧条和通货紧缩没有出现。

今天我们处于什么阶段呢？我认为目前正处在第二阶段的结束处，因为我看不到亢奋的征兆。

差不多一年前，投资者还担心出现通货紧缩，而现在，他们担心的是通货膨胀和走高利率。只有当形势越来越明朗，生产力迅速提高，摆脱通货膨胀的威胁向前发展时，亢奋现象才会出现，股票市场才会进入上涨的第三阶段。到那时，指数在暴涨后大幅滑落的情形便不可避免。

即使到了那时，我还是坚持 1987 年 10 月时的预测：从长远来看，美国股票市场将继续看涨。

# 第八章 暴涨和崩盘是分不开的搭档

崩盘通常以暴涨为前导，

而暴涨都以崩盘收尾。

一再重复。

1982 年至 1987 年间的证券市场走向，是很典型的轮回过程，其实不论是股票、债券、原料、外汇，还是房地产市场，都遵循着同样的模式，包括过热阶段在内的涨跌，不是人类心理的反映，一种介于恐慌和自负间的舞蹈。暴涨和崩盘是一对分不开的搭档，在经济荣景下，暴涨的行情渐渐吹胀，最后不幸变成一个气球，用一根针刺一下就能戳破。**这是个永恒的法则：每次证券市场中的崩盘和溃散都以暴涨为前导，而每一次的暴涨都以崩盘收尾。**

证券市场 400 年来的历史便是一连串由暴涨和灾难所交织成的，其中大多数早被人遗忘，但有些事件改变了整个世界，被载入史册中。

## 17 世纪郁金香灾难

美丽的郁金香成为崩盘和暴涨的象征，这真是命运之神的讽刺。直到今天，对没有经验的玩家、基金经理和投资顾问来说，仍是座警钟。这种花几乎震撼了 17 世纪荷兰欣欣向荣的经济。一位由德国皇帝派到土耳其的公使布斯贝克，对一种被土耳其人称作“涂班”的鲜花百看不厌。布斯贝克把这种花带到西方，而花的名字则变成“郁金香”。

不久，大家便能在奥格斯堡富格家族的花园里欣赏这种花，园丁们努力使这种娇弱的花适应北国阴冷的气候，多年后，荷兰人才疯狂爱上这种花，而且到了痴迷的地步。

在成为荷兰人疯狂喜爱的花之前，郁金香不过是一般市民房子里的色彩点缀物，后来却逐渐成为社会地位的象征。女士们精心挑选搭配她们香闺颜色的郁金香，在别墅里的绣有郁金香的地毯，色彩华丽，甚至超过东方地毯。大家乘坐用郁金香装饰的马车去散步，每天都有鲜花节、选花大赛。搜集邻居没有的郁金香稀有品种，成为礼仪和时尚，郁金香成为社会地位的象征，和今天的现代名画收藏一样。

人们对郁金香的痴迷持续了几年，当人们富有后，就会想爬到社会阶层的高处，有人就想到利用郁金香来达到目的。附庸风雅的人开始装腔作势模仿海牙贵族的愚蠢行为。当郁金香在他们的花园中，光彩夺目绽放时，花价开始上涨。郁金香的需求量不断增加，以致本土生产量已经无法满足需要。不久，富翁们将钱投资到郁金香球茎上，至此郁金香市场进入第三阶段，巨大的成交量吸引了各式各样、一直在阿姆斯特丹证券市场里从事证券交易的玩家，郁金香球茎的价格急骤上涨。

1637 年，刺针出现了。郁金香的大客户不得不承认，在他面前的 350 种郁金香已经失去珍品的魅力。突然投机人士也意识到郁金香出现通货膨胀。

注定要发生的结局出现了。突然间每个人都想卖掉郁金香，然而却不找到买主。就这样，郁金香气球爆炸了，一夜之间，郁金香球茎还不如普通的洋葱值钱。昨天还是百万富翁的投机人士，如今一贫如洗，成了“忧郁的骑士”。

这就是证券交易所上的崩盘现象，吹胀的气球爆炸了，留下了溃散、忧心和痛苦。

对“毫无价值”的东西进行不明智的赌博，正预示着经济荣景的结束，标志着繁荣的最后阶段和牛市的第三个阶段。在这个阶段，货币大量流通，开始时，涨势还维持在正常范围内，之后便扩散到那些有问题的证券上，普通的股票也受到莫名的哄抬，最后连毫无价值的股票也上涨。新资金的流人打破了供需间的平衡，全世界都想赚钱，甚至为此支付不合理的价格。

全欧洲想碰运气的人都到荷兰来，购买价格肯定会再上涨的郁金香。这有点像今天的小储户，他们不惜任何代价购买网络股，用光现金时，便使用融资。在荷兰的郁金香涨势过程中，郁金香被卖来卖去，数度易手。第一天，大家找红色的郁金香，第二天，是黄色的郁金香价格上涨，诸如此类等等，接着又轮到玫瑰色或黑色的郁金香品种。这就和今天的情形一样。第一天，投机人士集中在高科技股，第二天又转向银行股。

郁金香早已不是鲜花，而是一种投机物件。大家把越来越多的郁金香品种投入市场，也就是新上市的郁金香股，于是危险的局面出现：无价值的股票飙涨，这始终是证券市场崩盘的前兆。

受到价格上扬蒙蔽的小储户，争相加入这场赌博。事实上，此时的价格并不是实实在在的价值，而是不负责任的宣传所致。这些小赌徒听不进劝告，他们只想加入这场赌博。郁金香投机人士也没有冷静想想，郁金香的生产已经远远超过消费所需，荷兰快被外国的郁金香淹没，投机的气球已经胀得快要爆炸了。

三个世纪过去了，人类的经济世界已发生巨大变化，然而证券市场的细胞和人的细胞还是没有改变。不论是 17 世纪，还是今天的证券市场，或是著名的华尔街，甚至某个小国家的小小证券交易所，反应始终还是一样的。生物界早已透露一丝讯息，在老鼠或青蛙身上实验得出的结果，同样也适用于治疗大象。

## 数学毁掉法国

匮乏的国库让法国在 18 世纪发生令人难忘的证券崩盘。摄政王，也就是当时年纪幼小的路易十五的叔叔，苦思补充国库之道，这时他听说有个苏格兰人约翰·劳，是一位在算数上非常有天分的人，这位大玩家在很多国家赚钱。在巴黎，约翰·劳被视为是在银行业务、贸易和货币领域经验丰富的人，摄政王期待与他认识，同时心想这个聪明、可爱的苏格兰人，也许能帮法国摆脱困境。而按照宫女们的说法，约翰·劳是一位俊美无比的男子。

摄政王后来和这个苏格兰人成了莫逆之交，王室宣布约翰·劳拥有发行债券的权利，约翰·劳成立了国家银行，这是法国第一家具有现代银行意义的银行。随后，他靠财阀创建密西西比公司，专门从事路易斯安娜的殖民开垦、贸易和自然资源的开发。

约翰·劳除了具备理论才干，也是一位出色的心理学家，他是第一个懂得化腐朽为神奇的人，例如争取各阶层人民认购债券。约翰·劳通过密西西比公司的广告对新开发地区的财富大加渲染，彩色版画画出充满田园风光的金山、银山。而纯朴善良的土著梦想，则可以成为现实中的利润，例如野蛮人用一整块纯金换取一口烈酒或三颗玻璃珠。

这场精心策划的广告宣传，让资金如潮水般涌进达坎帕大街，自 18 世纪初以来，银行家便在这里设立办事处。约翰·劳发行新股票，一般民众为了购买股票，前往巴黎的邮政马车位子好几个月前便被预订一空。有个驼背小矮人靠着让别人在他的驼背上写字，就发了大财。

一些宫女为了得到股票，甚至不惜使用不正当的资金，三个星期内，30 万张股票发行到市场上，股票上的墨渍还没有完全干透，就被抢光了。大家对约翰·劳发行的股票能带来多少红利，早已不感兴趣，每个人心里想的是 20 倍于股票发行价格的获利。

1719 年 12 月，纪录被打破了，市价达到 18000 镑，相当于票面价值的36倍。整个欧洲都紧张地注视着这令人激动的一幕，学者撰写学术论文探讨约翰·劳的系统，然而还没等到大家把想法整理出来，约翰·劳的系统便彻底垮掉了。其实，只要拿起一支铅笔，计算一下红利，或自问是否真有希望获得红利，就够了。但有谁拿起笔了呢？又是固执的投资者。

只要开始有交易出现，崩溃就开始了。尽管约翰·劳绝望地采取各种努力，还是无法抑制大家的恐慌，价格连续下跌。1720年10月，18000镑的股票陷入困境，变成卖不出去的废纸，跌到40镑。不过民众仍然整天站在达坎帕大街，排成长龙，想要收回他们的钱，紧张的场面代替了欢呼。

"所有六个星期前还很富有的人，现在都变成穷人。就像服装贩子把大衣翻过来一样，约翰·劳把整个国家翻了过来，"孟德斯鸠非常惊讶地评论着这一丑闻，巴黎一家报纸还写了一首嘲讽约翰·劳的诗："苏格兰著名的儿子待在这里，他的计算无与伦比，凭着数学天分，他毁掉了法国。"

约翰·劳心情沮丧、两手空空，不得不趁着夜色悄悄离开巴黎，因为要冒着被愤怒的人群打死的风险。1729年，他贫困孤独，在威尼斯逝世。约100年后，约翰·劳遗骨才被侄子带到圣摩西教堂，今天还埋在一块石头下。每当我到那里，都不会忘记在他的墓前放上一小把鲜花。

显然，约翰·劳是名投机人士，是阔气的赌徒，但他不是骗子，他成为他的朋友摄政王的牺牲品。摄政王为了国家需要更多的货币，而约翰·劳必须为摄政王提供货币。如果政府向中央银行要求提供无法支付的贷款，就是典型的货币通货膨胀，这次非常轰动的证券交易所崩盘事件，导致民众对投机和股票非常反感，这种反感持续了几乎半个世纪之久。

# 1929 年崩盘的典范

和发现美洲大陆或法国大革命一样，美国 1929 年的经济灾难，彻底改变了西方世界的面貌和社会结构，直到今天，这场灾难仍像幽灵一样出现在我们的生活中。对许多人来说，1929 年是个转折点，有几十年的时间，大家在交谈中经常听到这样的说法："请你记住，这是 1929 年以前，"或"这是 1929 年以后。"

但在 10 月份那个黑色星期四之前，曾经有过许多愉快的星期和快乐的年代，之前大家生活得很好。"上帝的国家"美国，在重新寻回的繁荣天堂里，活力四射。美国从第一次世界大战前的债务国，变成全世界的债权国，工业生产持续增长，消费也同样稳定提升，这两者都在贷款这一剂灵丹妙药的刺激下成长。

所有的农业或工业原料、所有的有价证券，都不断上涨。华尔街证券交易所里的电传打字机，以令人眩晕的速度吐出几公里长的白纸。所有的美国人，中产阶级、小人物，还有一些抵达爱丽斯岛的新移民，都仿效财阀，进行投机。市场早已处在上涨的第三个阶段，投机基础建立在底部摇摇欲坠的庞然大物上，只有少数人清醒地认识到这点。

亨利·福特一世试验着新型汽车。夜晚，大家在齐格飞剧院向多莉姐妹喝彩，随着指挥保罗·怀特曼一起欣赏乔治·格什温的旋律，他后来靠《蓝色狂想曲》成为当时最伟大的作曲家，这位贫困的犹太移民之子成为第五大街贵族人士盛大舞会上的座上嘉宾。珍·哈洛主宰华纳影业公司的电影，靠着天蓝色的眼睛、浅色头发和轻盈体态，成为好莱坞“头号性感女星”。当时是禁酒运动和“非法酒店”（大家在那里喝酒）共存的英雄时代，在著名的“21号”（西52大街21号），大家一边如痴如醉听着艾尔·强森和艾迪·坎托的唱片，一边用茶杯喝威士忌酒。英俊的约翰·巴利摩尔放荡不羁的行径和他赢得女人欢心的传闻，成为谈天的材料。背后操纵这种令人陶醉景象的人，就是华尔街的金融家（今天则是基金经理和投资银行家），小心翼翼防备大家预感到危险的迹象。卡尔文·柯立芝总统，继任的胡佛都以美国政府的威信公开宣布，这一切没有任何理由在某一天结束。

许多历史学家和经济学家已描述过，所以我不必再强调1929年世界经济史上最大的金融灾难。“和自然灾害一样，这是经济过热引发的突然爆发，”这种气氛是胡佛总统所领导的美国政府刻意维持的。英国的经济学家努力想解释1929年的危机，但由于各自立场不同，所以以另一种解释为根据。一些人认为英国银行提高贴现率，是危机的开始，其他人则驳斥这种说法，因为联储会已经多次提高利率，而且即使在这种情势下，华尔街仍然继续成长。还有一些人相信，整个信任危机是由伦敦马同公司的股票崩盘引起的，这不只是一个金融崩盘事件，而是1914年至1918年第一次世界大战后，所发生的第一件丑闻。大家称马同公司的老板赫屈是骗子，后来甚至成为证券交易大投机家的代名词。

1929年9月的赫屈事件，产生负面的心理作用，非常危险。信任突然被打破，大家不禁提出疑问：新工业难道是靠欺骗起来的吗？收音机、人造丝、汽车，所有这些迅速发展起来的工业，难道不会亏损吗？大家开始对集中资金获利的模式产生怀疑，这意味着怀疑信托投资公司的诚实性。当时，联合集团和投资基金的经营方法已经方兴未艾。母公司孵化出子公司，子公司买下前者的股票，大家不知道谁是孩子，谁是母亲，只有一点一目了然：股票上涨。不管正常、不正常，公司获利、不获利，公司向大众承诺一切，没有比将已经上涨的股票卖给别人更容易的事了。同样地，当指数已经下跌或价格已在谷底时，就很难让大众对股票产生兴趣，因为大众的情绪是随着指数的好坏起伏的。大众只会在股票价格上涨时购买股票，并推动这些股票继续上涨。

10 月 22 日，崩盘来临。前一天，气压计上还标示着天气晴朗，而这一天，却出人意料，晴天霹雳。对经验丰富的投资者来说，这并不意外，金融史上经常发生这样的事情：欣欣向荣的证券交易和源源不断流入的资金及融资，膨胀成巨大的气球，被针刺中就会爆炸。

10 月 22 日：大规模的抛售风波和日益紧张的情绪笼罩着华尔街。

10 月 23 日：证券交易所疲软，只有零星的几个买主想借下跌的指数获利。

10 月 24 日：先是暴风雨前的平静，接着风暴就像世界末日来临般的爆发。一场找不到买主的卖主引起雪崩，彻底吞没了华尔街。

当时，正在美国访问的名人丘吉尔，碰巧从长廊里看到被恐慌侵袭的群众，从布洛德大街传来叫喊声，激动的人群聚众闹事，不让警察驱散。

没戴礼帽、没拿雨伞，国家城市银行总裁查尔斯·米歇尔，这位华尔街最重要的幕后市场调控者，急匆匆跑到华尔街23号，J. P. 摩根有隔音的办公室。摩根的办公室位于摩天大楼间一座两层楼的豪宅里，坐落在世界上最贵的地产上。面对喘不过气的来访者，摩根二世仍然保持镇静。他想到他的父亲摩根一世，早在1907年，就曾经在金融灾难发生时，拯救过华尔街。而现在，22年后，又有人喊着救命来找摩根家族了。

“肯定会出事，一切都会毁灭，”米歇尔这位证券交易所预言家声音颤抖地说。

“我们马上召集所有银行家开会，”摩根回答。

大家还没意识到这一事件的严重程度。第二天早晨，《华尔街日报》盲目、但仍信誓旦旦地写道：“这只是证券市场健康自然的反应，某些证券价格过高，修正是必要的。”我只能说这一切证明他们非常幼稚。情势发展总是从修正阶段开始，但修正之后，正如之前提过的，第二和第三阶段接踵而来。

纽约五大银行家聚集在摩根的办公室里，召开临时会议。已经不能错失时间，必须抑制大家的恐慌（这是心理因素），必须尽快找到治疗恐慌的良药：货币。他们在短短一个小时内制定出战略计划，银行家答应提供24000万美元，通过买进让华尔街重新动起来，这个数目在当时来说是个天文数字。纽约证券交易所副主席理查·惠尼受委托主导拯救行动，他出现在证券交易所大厅，高声下达购买股票，而这种股票在牌价190时，就已经找不到买主，大家已经一整天没有听到这样的牌价了：“1000股史迪尔”，牌价205元。

但太晚了，输血并不能解决问题，大家从极度乐观坠入极度悲观中。之后几天，指数在抛售中下跌，下跌又造成更多抛售，和前一年价格上涨总是带来买单的情形一样。

华尔街的大楼彻夜灯火通明，繁忙不已，因为职员必须审核客户担保金的金额。经纪人急急忙忙找人印制通告，要求客户追缴保证金，电报源源不断："请电汇保证金。"然而在随后寄来的信封里，却没有支票，只有委托单："全部抛出！"。

1929年10月29日，在证券交易所底层房间里，再次召开新的会议，这一次是秘密会议。要不要关闭证券交易所？即使这样做，也没有任何用处，已经太晚了，银行家确信失败，损失惨重。股票市场遭到致命打击，从根本上动摇了经济生活。

为了弥补损失，大家试图通过言语重新建立信任，恢复奇妙的"繁荣景象"。新闻宣传，充满希望口吻、要求保持冷静的官方说明，但一切徒劳无功。投资者和大众已经失去理性，无法战胜精神上的震撼。冠冕堂皇的话已经太晚了，大众的看法完全逆转。普遍的绝望情绪就像之前的陶醉一样，迅速蔓延开来，这已不仅是精神上的危机，而是在周围扩散开来的病毒。

有几百则轶事，以痛苦的幽默描述了那段忧郁岁月：一位投资者匆匆走进华尔街的一家餐厅，点了牡蛎、汤、牛排、点心和咖啡。由于他觉得侍者打开牡蛎要花一段时间，于是他便跑去看一下股价行情牌。

"撤掉牡蛎！"他看完后回来大喊。

接着又跑到股价行情牌前，这下跌得更严重了。

"把汤撤掉！"

他再次转身去看股价行情牌。

"把牛排也撤掉！"

紧接着咖啡也撤掉了。最后，变得一贫如洗的投资者没有午饭吃，反而得恳求侍者给他一杯水和一片阿司匹林。

昨天还是财富象征的摩天大楼如今空空如也，自杀事件激增。在纽约一家饭店里，一位英国旅客为了要好好欣赏风景，要求住到较高楼层的房间，这时侍者问他："您是想在这里睡觉，还是想从这里跳下去？"

不管是好日子，还是坏日子，对统计数字情有独钟的美国人，还是把握机会以数字描述了灾难的程度：123884 名从前开着凯迪拉克轿车出入华尔街的投资者，现在不得不改为徒步。173397 位已婚男子，不得不离开他们如今已经无力供养的情妇，回到妻子身边。铸币厂为以前从未搭过地铁，而现在不得不使用这种交通工具的人，发行了 111835248 枚五分硬币。

社会阶级制度瓦解了，昨天的百万富翁现在在街角卖苹果，移民失去他们曾经拥有的一切，除了口音。一家接一家的工厂，不得不停止生产，几百万失业者向无能为力的政府要求援助。通货紧缩威胁着美国，越来越令其窒息。地平线上看不到一丝希望之光，到处都在崩离。数字最能贴切测量出深渊的深度，以下七家公司在两个时期的股价，最能说明情况有多糟。

| 公司 | 1929 年股价 | 1932 年股价 |
| --- | --- | --- |
| 无线电公司（电子工业） | 115 | 3.5 |
| 纽约中央铁路公司（铁路） | 256 | 5 |
| 克莱斯勒（汽车公司） | 135 | 5 |
| 通用汽车（汽车） | 92 | 4.5 |
| 通用电子（电子仪器） | 220 | 20 |
| 蒙哥马利百货（百货商店） | 70 | 3 |

| | | |
|---|---|---|
| 联合钢铁（钢铁） | 375 | 22 |

在这段黑暗的日子，1932 年 11 月的大选把一位被命运选中的人领进白宫：罗斯福，罗斯福承担起拯救美国大陆和资本主义的重任。罗斯福接手时，恐慌达到最高点，由于现金风暴，密歇根州的银行率先关门，紧接着其他 47 个州的银行也相继关闭。罗斯福马上召开会议，要大家想出新对策。以此为开端，进行了无数次经济、金融和社会改革，包括引进银行分离制度，避免贷款投机。从这时起，银行可以从事证券交易或传统的贷款业务，但是禁止同时从事两种业务。近几年来，美国银行努力争取取消银行分离制度，因为他们看到在国际上的竞争力因此受到削弱。

要打破通货紧缩型的下跌螺旋，首要关键就是金本位制，就像英国早在两年前对英镑采取的措施那样，罗斯福让美元挣脱金本位制的束缚，美元贬值了 40 %，恢复联储会向所有银行分配新货币，银行柜台重新开始营业，为了尽快取得现金，大家一大早就奔向银行，取钱的人排成长龙。不过当大众看到银行如数支付每笔款项时，便放心了，到了晚上，存在银行里的存款比营业前增加许多。

由此美国从一个有病的国家脱胎换骨，成为繁荣的新国家。而这位由于华尔街危机而在美国辛勤执政 14 年的人，更在美国历史中赢得值得崇敬的一席之地。

# 第九章 “逆向”是成功的要素

只有少数人能投机成功；
关键在与众不同，
并相信自己，
“我知道，其他人都是傻瓜。”

在证券交易的轮回过程中，投资者要怎么做才能成功？在描述了暴涨和随之而来的崩盘后，回答这个问题并不难。显然，你必须是位固执的投资者，而且必须逆向操作。

在第三阶段，也就是在行情下跌的过热阶段，你应该买进，即使价格继续下跌，也不必害怕。因为，就像**老投机家在布达佩斯粮食交易所说的：“小麦跌时，没有买小麦的人，小麦涨时，没有小麦。”**在上涨中的第一阶段，你应该继续买进，因为这时已经越过了最低点。在第二阶段，你应该只作观众，被动地随着行情波动，在精神上做好准备，在第三阶段，即普遍亢奋时退出市场。

## 判断市场处于哪个阶段

全部的技巧，就在于判断市场是处在哪个阶段。经验丰富的投资者凭着敏锐的观察力，可以感觉到市场处在哪个阶段，虽然他并不能每次都用言语表达出来。但正如没有完美无缺的投机一样，并没有这方面的教科书，也不存在大家可以盲目利用的方法。因为假如真是这么简单，那么每个人都可以在证券交易所里生活了。只有集长期积累的经验，才能让人具备敏锐的观察力。即使最狡猾的投机人士也会出错，有时为了积累辨别超买或超卖的征兆、提示和某些信号所需的经验，他甚至必须出错。

例如，**在出现不利消息时，市场并没有下跌，就是市场出现超卖，行情已接近最低点的征兆**。这时股票已掌握在固执的投资者手中，他们对不利消息不感兴趣。他们有自己的想法，相信会出现更好的时机，遂有耐心等待更有利的消息。

相反地，**市场对有利消息不再有反应，就是超买和行情暂时处在最高点的信号**。在这种情况不，犹豫的投资者手里抓满股票，尽管有利多消息，他们也无法买进股票。固执的投资者虽然有现金，但在这样的行情下却不想买进。

成交量提供了另一个讯息。**如果行情下跌时，某一段时间里成交量很大，这表示有大量股票从犹豫的投资者手里，转移到固执的投资者手里**。甚至可能发展成犹豫的投资者卖光了所有股票，这时股票正躺在固执的投资者的保险柜里。直到后来，指数上涨时，这些股票才会从保险柜里露出来。

也就是说，**如果成交量增加，行情仍然继续下跌时，就是已经接近下一次上涨起点的信号**。但多数情况下，指数此时处在不合理的低点，这种局面应归咎于大众的歇斯底里和股票持有人的普遍抛售。这是行情过度下跌中的第三个阶段，在这个阶段，犹豫的投资者把所有的股票卖掉，甚至包括原来留下来最好的、最抗跌的股票。

但**当成交量小，且指数还继续下跌时，就表示市场前景堪忧**。因为在这种情况下，股票还掌握在犹豫的投资者手里，他们还在等市场恢复元气，不过如果行情继续下跌，他们会突然恐惧起来，而把所有股票低价卖掉。

我不同意一般所谓成交量小时，行情下滑并不重要的看法。赞成这种观点的人会说，大众在这种情况下并没有抛售股票。但是这没有说明任何问题，重要的是，股票还掌握在犹豫的投资者手里，他们今天没有卖掉股票，并不表示他们不会在明天、一个星期后，或一个月后，把所有的股票卖掉。

相反地，**当成交量越来越大，股票还不断看涨时，也是前景堪忧**。因为成交量越大，表示股票市场越容易受伤，因为这时证券市场刚好进入上涨的第三阶段。

我也反对大家对成交量大时，即有利指数上涨的看法。大家认为，大众在这种情况下购买股票，是好现象。确实如此，但这只是就他们购买股票的这一天而言。我的意思是，那些犹豫的投资者买股票，真的是好现象吗？他们下个星期也会买股票吗？难道这些股票不会在下个月重新出现市场？犹豫的投资者不具有立刻把股票脱手的危险吗？

反之，**当成交量小时，如果指数看涨，这种情形就非常有**

**利**，虽然交易者会声称这种市场状况无足轻重。当然，因为经纪人只对大笔佣金感兴趣，所以他们认为成交量小的股票市场没有意义。然而，事实是股票还一直掌握在固执的投资者手里，并没有转移到犹豫的投资者手中，所以指数肯定还会继续看涨，也会吸引犹豫的投资者，而固执的投资者就等着把股票卖给犹豫的投资者。

普遍一致最明确的讯息，就是**当媒体的气氛非常乐观时**，那些不久前还不懂股票的人，就会对证券市场产生兴趣。**当市场处于牛市第三阶段结束时，最后一批的悲观者就会转而加入乐观者的行列。**

在这段时间，一切有利现象都集中在一起，指数和现实没有任何关联，完全退化成没有意义的单纯数字，成为可以随意拨弄的电话号码，无须任何客观冷静的思考。分析家们的解释、本益比或每股盈余这种系数已不再具有从前的意义。大家投机未来，看重的是速度，是工业蓬勃向上发展的速度。

由于我个人的知名度，我总能特别准确感觉到气氛的变化。例如，当飞行员请我进驾驶舱，向我请教，或咖啡店的侍者问我该买宾利，还是买 IBM 股票时，我便觉察到市场又热闹起来了。

当然，反过来也同样适用。**当媒体气氛非常负面时**，例如 20 世纪 80 年代初，《商业周刊》文章中表现出来的那种气氛，**最后的乐观者变成悲观者，这时市场就处在熊市第三个阶段结束处**。在这个阶段，利多消息不受重视，情绪悲观的人占上风，这时投机人士必须进场。这些话听起来容易，但很难做到。

## 勇于与众不同

当同事、朋友、媒体和专家都建议卖掉股票时，采取和这些看法相反的作法，是非常困难的事，尤其对没有经验的投资者而言，更难。连那些懂得这个理论，并想遵守的人，也在大众心理压力下，在最后一刻改变自己的看法，说服自己："虽然从理论上讲，我现在必须进场，但这次形势不一样。"直到后来情势明朗，即使是这一次，逆向的处理方法仍是最好的方法。大家必须训练有素、冷静，有时甚至必须玩世不恭，不理会大众的歇斯底里，这是成功的前提条件。因此在证券交易所，只有少数人能投机成功，所以投资者必须勇敢、全力以赴、明智，甚至表现得自负些。勇敢对自己说："我知道，其他人都是傻瓜。"

即使投资者能做到不理会大众的不安情绪，在指数过度下跌时买进股票，然而这才是考验的开始。之后，他还必须有强悍的神经，坚持保留股票，即使行情继续下跌。而这也就存在因损失严重，而精疲力竭、失去理智的巨大风险。

即使克服了这种障碍，市场开始上涨，投机者还要面对回跌的情形，在指数持续上涨过程中，行情回跌总是一再重复出现。如果不明白这种发展过程，就必须重新评估形势。如果诊断表示只是暂时性的干扰，就要立场坚定，不气馁。

但如果出现根本性变化，例如战争、重大的政治、经济或金融决策、政府轮替等等无法预料的事时，就必须马上考虑后果，迫不得已时，还是必须放弃昨天还非常喜欢，且价格很贵的股票。也就是说，投机者必须时刻准备对自己的想法和计划进行深刻反省。如果完全相信自己的某个想法，就必须坚持到底，然而当情况从根本上转变，意识到坐在危船上时就必须尽快脱身。

下个考验则是在上涨的第三阶段。投机者当然可以在这阶段开始时，即乐观态度逐渐取得优势时，马上退出市场。遗憾的是，那样就会错过丰厚的利润，因为指数是在第三阶段才急骤上涨的。如果货币因素始终有利，第三阶段可能持续很长时间。犹豫的投资者虽然已经投资，但货币供给额持续扩大，使市场继续得到资金补给，他仍然可以加码买进。

这时，投机者不仅要聪明，更要有足够的见识，在市场普遍亢奋阶段，如果货币因素突然转成负面，即使大势仍然看好，投机者也必须马上退出市场，绝不可受到乐观的数字和预测的影响，因为乐观态度很可能在24小时内转成悲观态度。投机者必须像男人从坏名声的场所里溜出去一样，从后面的小门离开市场，才不致让任何人看到他，如果不这样，很可能会受别人乐观情绪的感染，重新卷入市场。

我以前说过，为了不受诱惑而改变自己的看法，投机者干脆不要去交易所。为了避开危险，不要感染到某种气氛，就应该绕路，因为这种气氛就像海岸上的天空一样，变化无常。

但处在今天这个利用电脑网络和电视即时传播讯息的时代，想要不理会普遍存在的气氛，越来越难了。我也许该建议："卖掉电视，拔掉电脑网络连线！"但在日常生活中，各种讯息像潮水般袭来，只有训练有素、性格坚定的投资者，才能不受影响，刚踏入证券市场丛林的人，就无可避免会被卷进去。

所以过去几年，我建议大家吃安眠药，然后买各种好股票，睡上几年，不要去听外面的狂风暴雨。接受这个建议的人，后来就能享受到愉快的意外惊喜。

## 买进或卖空，你选哪边

迄今为止，我一直从买进投机者的角度观察“科斯托兰尼鸡蛋”，但大家当然也可从卖空投机中获利。卖空是如此操作的，卖空投机者或大家称为熊的人，今天以一定价格卖掉某种他手里没有、以后才买进的有价证券。他暂时保留自己的买单，因为他相信明天股票的价钱将比今天低。卖空投机的人就像先出售还没有猎杀到熊毛皮的猎人，他也可能打不中，所以必须以更高价格向其他猎人买，才能履行先前的交易，而这也正是卖空投机的风险所在。

举例来说：投机人士麦尔认为幻想公司和亚特兰大公司的股票将下跌。两种股票的价格为 100 元，他认为价格太高，而且预测价格将下跌。于是他先向另一个投资者借这两家公司的股票，同时把借来的幻想和亚特兰大两家公司的股票，以 100 元的价格卖出。几天后，幻想的股票从 100 元跌到 80 元。麦尔觉得这时的行情算是够低了，于是就以 80 元的价格将股票买回，还给借他股票的投资人。就这样，他赚了 20% 的利润。

但真实情况也有可能相反，亚特兰大的股票根本没有下跌，且从 100 元涨到 140 元。麦尔陷入恐慌，担心亚特兰大公司的股票还会继续看涨，于是就以140元的价格把股票买回来，这样他就损失了40%。交易完成后，他把买回来的股票，还给借他股票的人。在所有期货交易所和某些股票交易所中，都可从事卖空投机。

理论上讲，如果投机人士认为行情看涨，就可以作买进投机；如果认为行情看跌，就可以做卖空投机，但只有少数人能交替地从事两种投机。我就是从执着的卖空投机人士开始投机生涯的，我父亲在1924年接受亚历山大先生的建议，把我送去学习。当时的布达佩斯看来前途渺茫，战败的创伤还没有愈合，和奥地利一样，不幸的法郎投机，使匈牙利经济遭到致命打击，匈牙利笼罩在贫困和失业的低压气氛中。

但是，巴黎意味着天堂。和其他欧洲国家一样，法国也受到美国因1929年崩盘而结束的投机风潮影响。而英国在度过社会难关后，重新站起来，证券市场开始缓慢、稳定地动起来。

德国经济繁荣的关键在外国资本。有很长一段时间，美国每年提供25000万美元，资助德国的经济。今天，这个数目相当于100亿美元。美国的资金为德国证券市场带来动能，同时美国的工程师和技术人员也带着美元到德国，帮助鲁尔区的大工业家以美国模式进行现代化改造。

意大利在墨索里尼当政时，过了一段蜜月期。虽然意大利失去一部分自由，但却为现代化的国民经济奠定基础。

和平这个神奇、令人心安的字照亮了未来。先是史翠瑟曼已签订的卢卡诺和约，然后是布里安德一克洛格公约，永久宣布战争为不合法，布里安德用动听的男中音热情洋溢地宣布了这一理想政策。在1927年召开的日内瓦会议上，甚至提到将尽快降低关税，这是欧洲美梦的蓝图，直到30年后，欧洲共同市场建立，这个梦想才成真。

在法国，庞卡黑成功控制住通货膨胀，维持本国货币稳定。法郎汇率经过3年的自由浮动，终于达到实际价格，并在1929年固定下来，使法国的重建达到高潮，自由浮动汇率的实验，在法国有了正面结果。

富有的市民离开证券交易所时，兴高采烈地搓着手，股票和债券连续上涨，坚挺的货币走势和良好的财政状况，把全世界的资本家都吸引到巴黎。巴黎象征豪华、享受和欢乐的世界，当我像巴尔扎克笔下的主角拉斯提纳格登上邮政马车，在一个美丽的晚上踏上东方列车时，我多么渴望了解这座城市。当时我还不知道，这个不可思议的、天堂般的快乐世界虽然近在咫尺，但如果没有拿到“钱”这个进门钥匙的话，巴黎，永远都是个可望而不可即的世界。我口袋里的钱不多，但这里的景象令人神往，只从外面观赏是不够的。

日本艺术家富士达戴着眼镜、披着长发出现在蒙巴纳斯，身后跟着他最喜欢的法国名模特儿基基，准备和他的朋友奇斯林、卫帖及其他人，在“圆顶”和“大教堂”的餐桌前商量事情。

时髦的女士让人作陪去长场和奥托，好在赛马比赛时展示琶赫为她们设计的时装。在停靠于布隆（Boulogne）的豪华游艇上，这位著名时装设计师派头十足，招待着来自上流社会的朋友，虽然晨曦微露，他却为大家演奏纽奥尔良的最新旋律。那时，香榭丽舍大道上，还没有电影院，大家在林荫大道上排长龙，为的是看卓别林的电影《黄金梦》来体会美国，看《巴格达的贼》来领略东方世界。

就像贴在糖果店玻璃窗上，把鼻子都挤瘪了的小孩一样，我注视着这种繁华的生活，惊讶无比。我心想一定要找到加入这场游戏，并从中获利的方法和途径。我终于明白，做这件事只需要一件东西：金钱。

我陷入严重的心理危机，如今回顾过去，我发现这个转折点对我是多么重要，我把钱看得很重，每时每刻都在想。开始时，金钱是达到目的的工具，后来金钱本身也成为目的，这使我轻视其他一切。我的伦理道德、价值体系都彻底改变了，除了钱，其他东西都不再令我感兴趣。我梦到过装满钞票的钱柜，梦到过钱袋，我像“狐狸”沃朋（英国作家，17 世纪初的剧作中的主角）对待自己的宝物般，端详、抚摸着钱，并将之搬来搬去。

## 错误的金钱观

对金钱的这种态度，自然而然导致一定程度的惰性。为什么要买豪华汽车，只要口袋里有钱这个前提条件，大家便能买豪华汽车，不管什么时候想买。当某个人手里拿着支票本，他就已经感受到生活中的其他享受，仿佛已经拥有一切。一方面，对金钱的评价提高，而另一方面，其他一切也遭到某种程度的贬低，变成“钱可以买到一切。”

这种态度导致典型的通货紧缩经济理论。我更把这种违背常情的可悲态度，发展到荒诞的地步，以至蔑视所有不能用金钱衡量的价值，这是成为“卖空投机人士”的最佳基础。

用金钱衡量价值，是指将所有东西确定价格。因为我打从心里高估金钱的价值，所以认为任何商品的价格，包括股票都太高了，于是便期待将来会降低，就像德国人多年来热爱马克一样。这是经济无法向前发展的原因。

我只能进行卖空投机，渴望着行情下跌：如果洛克菲勒因为股票下跌而赔钱，而我却在同一次的行情下跌中赚钱，那么他和我之间的差距就会相对缩小。这就是我每天单纯而幼稚的想法，我只有一个愿望，全力以赴投机，因为这是唯一能够迅速赚钱的方法，甚至可以靠这个成为百万富翁。

伟大的一天终于来临了。我永远记得第一次“拜访圣殿”时的情景，像置身在巨大的赌场，空气中飘荡着金钱的气息，无处不在，大家只要用根天线就能把钱抓住。

坦白说，我不清楚交易所里几百个人走来走去、杂乱无章的场面是为什么，我听到陌生的股票名称在耳朵旁嗡嗡作响，很多年轻小伙子匆匆地从这群人跑到那一群人中，他们手里拿着客户的订单，在大楼里跑来跑去，经常迎面相撞，挤成一团，然后又分开朝不同的方向跑去。

在交易大厅正中的“圆环”处，站着70位男士，无论冬夏，都穿着深色衣服，他们是证券交易代理公司的70位成员。他们把手肘靠在将与群众隔离的栏杆上，和其他人一样，也在震耳欲聋的喧闹声中大声叫喊着：“我出，”“我要。”整个世界仿佛都在嘈杂喧闹地游戏。一些人冲向电话亭，把最新结果传递出去，还有一些人用手遮住嘴，窃窃私语，傲慢自大，故作姿态，另一些人急急忙忙在小黑本子上乱写一通。

这种紧张气氛根本影响不了我，我越深入了解这个新天地，就越对那里夸张的气氛感到反感。每个人都自以为掌握了最重要的讯息，炫耀自己每次交易都赚到钱，他的顾客总能得到最好的咨询，他知道万无一失的方法。大家简直要相信，这里的人都是天才和预言家，因为所有人都自鸣得意，大谈自己的经验和成就，每说两句话，就重复地说：“我早就对你说过了。”

直到今天，仍是这个样子，如果一位新人到证券交易所，会被这种气氛弄得头晕目眩。大家不谈论艺术、政治，或在我看来，不谈论女人，而平时，这是朋友间很常见的话题。这里的话题全都绕着金钱，如何在合适的时机买或卖，大家能够，或说应该赚多少钱。他们只根据一点评价他人：他们有多少钱。

幸运的是，或遗憾的是，渐渐地，我也习惯这种气氛了。

当时，我对这个领域毫无经验，但简单且未失常的理智告诉我：这一切都是在吓唬人而已。投机赖以为基础的逻辑性、解释、想法和根据，在我看来，却都简单、幼稚且完全错误。我心里不禁产生一个想法，且越来越强烈：如果这些人都在做买进投机，那我就必须采取相反的行动，一定要做卖空投机。除了看不起实在的价值，我还鄙视在证券交易所遇到的那些人。一踏上交易所大楼的台阶，我已下定决心，要利用卖空投机赚钱，除此之外，还多少有些幸灾乐祸，我想看这些狂妄自大的人全都赔光。现在，我只须选择投资物件，掌握卖空投机的机制。在深思熟虑和感觉的引导下，我开始卖空各种有价证券，目的是想以后用更便宜的价格买回来，不需多久，因为运气站在我这一边。

在美国投机热的最后阶段，世界投机活动的神秘中心华尔街，把所有可以利用的资金都吸收过去，这对欧洲市场产生非常可怕的影响。大西洋这边的投机家不费吹灰之力，以7%、8%或9%的利率进行投资，在欧洲获取高利率。然后再买股票，有时股票的价值在不到12个月的时间内涨了两倍，然后再换成美金，撤回美国。随着越来越多的美国货币撤回本国，欧洲资金短缺的情况越来越严重，一些抵抗力弱的国家，几乎倒地不起，欧洲贸易几乎失去所有客户。

"像英国银行一样稳固"的说法，在那段伤心的日子里成为历史。资本开始从英国撤出之际，英国银行家亲自前往法兰西银行，寻求援助。但英国银行的现金状况，比漏水的水桶还要千疮百孔，以致吸引国际投机分子把赌注押在英镑贬值上。

在来自世界各地的投机人士当中，甚至包括当时的法国总统皮埃尔·拉瓦。英国政府不得不宣布禁止出售黄金，大家无法在英国银行用英镑兑换黄金，于是英镑价格在国外证券交易所下跌，这使得投机人士得以捞取丰厚的利润。

英国人也很满意，他们相信，过时的是黄金，而不是英镑。首相麦克唐纳自信地宣布："只要英镑值20先令，英国货币体系就不会有任何变化。"《每日电信报》自豪地用八栏版面的特大号醒目标题宣称："一切正常，英镑终于摆脱黄金的束缚。"

印度诗人、诺贝尔文学奖得主泰戈尔说得没错，他写得很诗意："抓住黄金鸟的翅膀，它便永远不会在天空展翅飞翔。"

在中欧，各国政府也不得不停止支付利率和分期偿还债券，并执行严格的外汇规定。德国和匈牙利，在1931年7月14日关闭银行，局面极其混乱。自从1928年，资本重新流回华尔街以来，欧洲证券交易所越来越不重要。华尔街崩盘之后，欧洲证券交易业务迅速恶化。

我的卖空投机交易开始结出丰硕的果实。当我把赚的钱积累起来，心满意足地确信，我第一次去巴黎股票交易所时所想的计划是正确的。光看数字，利润并不大，但对我来说，却具有无法估量的重要意义。

这是我的报复，是对证券交易所里许许多多傻瓜进行的报复，同时也证明自己的直觉是正确的。我赚到双重利润，因为手上的货币购买力提高了，通货膨胀时期，货币的价值降低，但在经济萧条时期，货币的作用便变大了，现在是萧条时期。

除了证券市场行情下跌有利我的投资外，法国当地的形势更对我有利，也许还有我敏锐的嗅觉，因为我已正确预测到几次严重的金融灾难。在欧洲，证券市场已经很久没有发生过如此强烈的崩盘，而且也从来没有伴随如此严重的恐慌。最可怕的证券交易所崩盘，是1930年秋天，奥斯垂克垮了紧接着戴维德也失败了，由于这两次金融灾难，使巴黎证券市场坠入谷底。整个事件的教训和结果是什么?

卖空投机的人士胜利了，当然也包括我。每天晚上，我都作结算，算清获利。我赚了很多钱，是建立在别人的损失和痛苦上的钱。如果这时父亲或叔叔在身边的话，他们一定会建议我把获得的财富从赌博中撤出，放到其他可靠的投资中。

但家人离我太遥远了，而且被成功冲昏头脑，我没有把赚来的钱放到银行储蓄，而是继续投资到卖空投机中。我陶醉于成功的气氛中，不是金钱，是我的预测被证实了。

同事们来拜访我，他们在我身上看到和普遍的看法截然相反，但却正确的发展趋势，看到一位作出正确评价的预言家。“怎么会发生这种事?”他们问。“证券市场上什么事都可能发生，甚至可以说，这是完全合乎逻辑的，”这是我的回答。

在我看来，证券市场崩盘，正如奥斯垂克和戴维德这两个赌博集团的崩溃，是合乎逻辑的，是的，这是理所当然的事情，就像40年后贝尼·考菲特主导的IOS基金崩盘一样，对于那次崩盘，我曾经在《资本》杂志专栏里严厉警告过大家，但令我惊讶的是，别人对我的警告表现出来的惊讶。

根据经验，当出现非理性的指数上涨时，我虽然还不能做出正确诊断，但直觉上，我已经感到有危险存在。我发现不正常的征兆，崩盘一触即发。这也许只是一种叛逆行为，由于不满在我眼前发生的低级行径，因而产生对高级品味和所有典型事物的一种叛逆行为。

## 终究选择牛阵营

现在，我有了追求心目中生活的资金，也想享受安逸的生活。但这时我却尴尬地发现，理性主义和对证券市场的嗅觉，使我赚了很多钱，但是其他人却把钱赔光了。我的愿望实现了，但发生在我眼前的景象，却使我闷闷不乐，朋友、同事，所有我喜欢的人都垮掉了，他们在这场危机中，失去金钱，失去社会地位，不知道未来如何。

而我却负担得起任何梦寐以求的奢侈和享受，豪华饭店和餐厅，穿着制服的私人司机，一切都在眼前，因为我的钱包装满了钱，但是，其他人没有和我在一起。美好的气氛失去，欢笑逐渐消失，取而代之的是痛苦和糟糕的心情。我独自一人，只有我自己，虽然到处都有东西出售，但我已经没有心情买了。我明白，当朋友们只能满足于一杯咖啡时，香槟和鱼子酱也不能带给我乐趣，我不敢快乐，也快乐不起来，我觉得心情比以前更糟。

我心里不禁萌生一个想法，和别人一起赚钱不是更好，当然，还是要比他们多赚一些，但难道要和他们一样，在同一条河里游泳？我的成功，几乎使我感到压抑，当其他人哭泣时，我总是不能笑口常开。

我第二次的卖空投机，以瑞典火柴大王依瓦·克鲁格的自杀告终。和其他许多人一样，我也把赌注押在克鲁格帝国的毁灭上，而最后我还是正确的。但对于这次的成功，我无法感到高兴。虽然不合情理，我却觉得自己对克鲁格的死负有责任，我开始怀疑起我的卖空投机哲学，我走的路正确吗？

证券市场替我回答了这个问题。不仅在人生观上，甚至在物质上，我都对卖空投机失去兴趣。在随之而来的经济繁荣时期，指数重新上涨，我失掉一大部分利润，但因为钱本来就是从证券市场的墙角挖来的，所以变成买进的投机人士，对我来说并不困难。这回，我和朋友们一起赚钱了！从此之后，我便靠向牛阵营。这期间，虽然我也一再对下跌的指数进行投机，但已不再是投机生涯刚开始时，那种执拗的卖空投机人士了。

世界所有的证券市场，牛和熊都互相挑衅对抗，经常用非常野蛮的方法进行争斗。争斗的过程使他们力量倍增，牛试图把熊打倒在地，而熊则等待有利时机，以强有力的熊掌给牛致命一击。就像站在法兰克福证券交易所前的广场上一样，牛和熊这两个互相敌视的兄弟面对面站在一起，他们都想战胜对方。

在期货市场上，任何一笔买进交易都对应着一笔卖空交易，而在股票市场上，100 名投机人士中，只有 5 名是卖空投机人士，其他 95 人都是买进投机人士。成为卖空投机人士，早已被视为是精神上的一种堕落，几乎违背常理，向往痛苦，这里说的痛苦，是别人的痛苦。

匈牙利著名作家法蓝兹·莫纳对证券交易所根本一无所知，但他却曾经非常贴切地为卖空投机人士下了一个定义："一个为自己挖墓，却让别人掉进去的人。"这句机智的话，只有精力充沛的职业投机家才能理解。

当然，牛和熊彼此并不喜欢对方，也不存在令他们俩看法一致的经济或政治事件。这两种人的世界观，截然不同，因此只有少数人得以在这两个阵营间转换。当我和同行谈话时，只要短短几分钟，就能知道他是做买进还是卖空投机，即使我们根本没有谈到证券交易。

少数人是经过深思熟虑，而决定作买进或卖空投机人士的，大部分人则是受其心理因素支配。卖空投机人士是典型的悲观主义者，买进投机人士则是乐观主义者。一个人总是看到某个讯息中不好的一面，另一个人总是看到讯息中好的一面。

在布达佩斯证券交易所，固执的卖空投机人士是古斯塔夫·霍夫曼。当股票市场还处在辉煌的上涨阶段时，一位同行发现他待在交易所一个冷清的角落，于是幸灾乐祸问他："您知道一个年轻人每天做买进投机能赚多少钱吗？"

霍夫曼只抬了一下眼，便回答说："这一切根本没有意义！这钱最后全都会回到我手上。只不过年轻人在这期间，花在香槟酒和女人身上的钱，对我来说是收不回来了。"

追根究底，卖空投机人士令人惋惜，而乐观主义者即使口袋里只有两枚硬币，也仍然是个王者。悲观主义者只是无足轻重的人，即使他的保险柜里装满了钱。

特别是在过去几年中，熊经历了痛苦的考验。自从道琼斯指数达到4000点以来，他们就在等待崩盘。华尔街证券交易所，短线交易数额巨大，公牛们发了财，而熊们却破产了。由于指数上涨的压力，他们不得不以更高的价格，把以前卖空的股票买回来，这反而使行情继续上涨，他们完全低估了世界和平所带来的荣景。

买进的投机人士中，如果不是把全部财产投在周转不良的企业上，连最大的傻瓜也赚钱了。

什么时候进场都没关系，过去，只要有资金，人人都是赢家，因为股票最终总会达到新的行情纪录。

因此，我建议新手一定要做买进投机人士，而不是卖空投机人士。虽然行情下跌有个好处，行情下跌出现得比较快，而行情上涨却总是沿着恐惧的墙边向上爬，但只有经验非常丰富的投机人士，才能够预测到下跌行情的起点。不过有一点绝对可以说明，买进投机人士的机会更佳，一种股票最后可能上涨1000%，或甚至10000%，但最多只能下跌100%。

# 第十章 从预言家到显示屏的讯息丛林

我的座右铭是：

凡是证券交易所里

人尽皆知的事，

不会令我激动。

经常有人问我，我的讯息和想法是从哪来的。我的回答很简单，其实，我不寻找讯息，而是发现讯息。

事实上我到处发现讯息，从银行家、经纪人、分析家和经济学家以外的任何人，小偷、董事长，甚至部长或应召女郎。前面的那些人看不到他们鼻尖以外的地方，或如大家常说的那样，他们只见树不见林，如果我采取和他们建议相反的行动，反而能取得巨大成果。

我从不同的报纸搜集当天的新闻，我喜欢阅读的报纸是《国际前锋论坛报》，此外我听收音机、看电视。在读报过程中，可以发现对我来说重要的消息，通常是隐藏在字里行间的讯息。对于每个人都读到的大标题、企业消息、利润数据、利润预估和统计数字，我只了解一下而已，对这些并不特别感兴趣，因为这些讯息都已经反映在指数上了，而且就像指数一样，已经成为过去式。**我的座右铭是，凡是证券交易所里人尽皆知的事，不会令我激动。**

但通过字里行间，则可以发现反映明天指数的讯息。有时，一篇长篇大论中一个短短的句子，透露出的讯息比文章还多。

**最没有意思的，就是那些和指数发展趋势有关的讯息，这些都是先有指数，才有讯息的。**如果美元疲软，评论家便会根据某个可以用来消极解释美元的数字或事件，断章取义查阅最新经济统计数字和通告，最终总能找到一些东西，作为报告美元疲软的原因。假如美元坚挺，那些滑头的家伙也会找到理由。所以，这些报道和指数发展没有任何关系，事实上，美元之所以疲软，是因为当天没有足够的需求支撑供给，而卖主出售美元的实际动机则是无法解释的。

## “既成事实”的现象

对证券市场的新人而言，指数对某些消息和事件的反应，完全不合逻辑。证券市场的反应常常像醉鬼一样，听到好消息时哭，听到不好的消息时却笑了。我把这种现象称为“既成事实”现象，证券市场的逻辑和日常生活的逻辑，是无法相提并论的。

投机针对的是未来某个不确定的事件，如果事件应验了，就成为事实，对于事实，大家便无须进行投机。这意味着，证券市场预知未来将要发生的事件，如果大家期望某家公司在第一季的利润增加，该公司股票的行情就会慢慢攀升，大众期待越强烈，股价涨得越快。

所有人都想这么聪明，大家都想在消息公布之前进场，如果某一天，利润公布出来，并和大家期待的一样高，这时股价就会回跌，期待的事情应验了，于是成为“既成事实”。因为所有人都已在消息公布之前买了股票，这时市场上已没有新的买主了。同时一些人会把赚到的利润拿走，就压低了价格，直到下一轮的投机，如果大家投机第二季度的利润继续增加，价格才会重新上涨。

如果第一季的利润低于大家所期待的水准，股价便会在消息公布后一秒钟骤然下跌。在这种情况下，即使本季利润相对上季增长很多，甚至是个新纪录，都已不重要了，因为大家只看到先前的期待落空。

当然，情况也有可能相反。如果大家预期某家企业的利润下降，他们就会提前卖股票，价格将下跌，直到消息公布。等到消息公布的当天，所有人都已卖掉股票，如果所公布的利润下降不像大家预期般严重，股价就会在消息公布的那一刻逆转，暴涨。

1990 年爆发的海湾战争，说明“既成事实”在股价发展过程中的意义。伊拉克突然袭击科威特后，大家预料将要发生战争，指数连续几个月下跌，在大家担心石油短缺的情况下，石油价格从每桶 20 美元涨到 40 美元。犹豫的投资者因为害怕，逐渐把股票卖掉，当然和任何时候一样，卖给固执的投资者。后来战争爆发，情势 180 度急转，在美国对伊拉克成功进行军事制裁后，指数直线上涨。石油价格则下跌 50%，降到每桶 20 美元。在我主持的《资本》专栏中，我曾经多次准确预测过证券市场的这种反应，后来很多人问我怎么能事先知道这些，很简单，我有不可多得的经验。

二次世界大战爆发前，形势也是如此发展，自从希特勒占领布拉格后，巴黎证券市场的行情就持续下跌。

但就在战争即将爆发前，几个投资者认为，大家应该在价格便宜时买进，因为这样做没有任何风险。如果没有战争，大家就会经历一场急速的行情上涨，如果战争爆发了，那一切也已无所谓了，世界末日就在眼前，到时大家有钱还是没钱，无关紧要了。

这些人当中，有位新闻记者柏西。是个不可救药的乐观主义者，在战争爆发前的几个星期里，经常来找我，还带来绝对不会发生战争的讯息，要我们不必担心，大家应该买进。达拉迪耶的政府将退位，下一任总统皮耶拉瓦将立即和纳粹政府就但泽问题达成一致看法，一切都会维持最佳秩序。

我不同意他的乐观态度，而且长期以来，我已在巴黎证券交易所里忙着做卖空投机了。价格先是缓慢下跌，后来速度加快，我已经有可观的利润入账。

1939 年 8 月 24 日，李本托普和莫洛托签订协定后，我确信战争肯定会爆发。离 9 月 6 日只剩 14 天，不过，我没有失去镇静，而是考虑该如何把事情处理妥善。如果战争爆发，证券市场肯定崩盘，也有可能提前关闭交易所，政府会同意银行和银行家延期偿付。如此一来，不仅不能解除我的期货交易，连用来保证交易所业务正常进行的银行存款也会被冻结。

我很快做出决定，至少必须拯救银行存款，但为了取出存款，我必须终止卖空投机的交易。这实在不符合我的性格，因为我相信指数还会继续下跌。然而，这种时候，这些想法都已不重要了，继续赚钱已不再是我关心的事，我坚信证券交易所和银行都会关闭。我把卖空交易结清，把存款转到美国，我父亲经常说：**“有些人说得理智，做得愚蠢；还有些人说得愚蠢，做得理智。”** 我当时就属于后者，接下来发生的事，和我的期待截然不同。

我完全搞错了，尽管如此，我还是很幸运。战争爆发了，但证券交易所没有关闭，甚至期货交易也继续进行，没有延期偿付，甚至也没有实行外汇管制。9 月 6 日，我把最后一笔卖空投机的利润取出来，将之转到美国。

这时形势逆转，所有买进，还有像我这样把所有卖空投机结清的人，都得到意想不到的好运。指数连续 6 个月全面上涨，直到法国军队完全溃败后，才出现下跌情形。

那些认为战争爆发意味着世界末日，所以有钱没钱都无所谓的人，也错了。因为事实证明在接下来的几个月和几年时间里，有钱才能救自己的命，没钱，就得走向毁灭。

我的朋友柏西首先走运，虽然他的预测错了，但他做的买进投机交易，还是让他成为赢家。他几乎每天到我这来，带来希特勒目前已经解决了东部战线，皮耶拉瓦将接管法国政府等等消息。所以大家只需耐心等待，继续买进，因为和平即将来临。

正如我们所知的，他又猜错了。希特勒打败波兰后，又发动对西欧的闪电战，荷兰被占领，比利时弃械投降，令人不安的日子接踵而来。一连几个星期，我没见到我的朋友，但有一天，他突然上气不接下气到交易所找我，把我拉到一边，以极低但带着微笑的语气对我说：“亲爱的朋友，现在你得帮帮我，告诉我应该买什么，因为我想趁大涨的行情大赚一笔。”

我激动极了，“难道是希特勒死了？”我问。

“不是，正好相反，纳粹军队离巴黎只有 30 公里，两天后，他们就到这里了，战争真的要结束了，指数将迅速攀升，我应该买什么？”

我该怎么回答他？对我来说，这是世界末日，交易所的职员仍四处奔跑，仿佛一切仍在控制中，但我知道，后天，纳粹军队和盖世太保就要到巴黎了，仿佛被人用沉重的槌子打了脑袋似的，周围的一切开始旋转起来。

我的朋友继续催促我告诉他，应该买哪一种股票。对他来说一切都在控制中，希特勒来了，及接着的一切。只是柏西想的和我不同，即使我想回答他，也做不到。我感到心在冷冷地抽搐着，我匆忙跑出交易所，跳上计程车，回到家里。站在屋里，我环顾四周，抚摸那些我特别珍爱、却不得不留下的东西，和它们告别。我心想，我也许再也见不到巴黎了，这些可爱的人，我的朋友、同行、熟悉的街道和林荫大道，还有其他许多在生活中有意义的东西。

在那段时间，我的朋友还一直到交易所找我，希望我为他挑选股票，他想用这些股票从希特勒的胜利中得利。我不知道他最后选了哪些股票，我只知道，和我的错误相比，他错得更厉害。有一点他是对的，皮耶拉瓦真的成为纳粹占领区内的法国总统。但从此以后，指数不再继续上涨，相反的，证券交易所真的关了，有很长一段时间，股票卖不出去。后来当一个规模很小的市场重新发展时，大家卖掉股票换得的法郎已经分文不值。

然而柏西最大的错误，在于他把命运系在希特勒身上。战争结束后，我重新回到巴黎，我打听过他的下落，才知道他因为和纳粹勾结，被判十年徒刑。我父亲说得对，有的人说得明智，做得愚蠢。

波斯湾战争和1939年的情景相同。1939年时，我只是幸运。1991年，由我对“既成事实”现象得出的经验，知道会出现这种情况。因为预料到将要爆发战争，于是投资者纷纷卖掉股票，因为他们想，一旦战争爆发，指数就会下跌。但所有投入市场的人都想做聪明人，他们提前卖股票，所以指数在战争爆发前已经下跌。

战争真的爆发时，所有人都已经把股票卖掉了，不再有资金流入证券交易所。股票掌握在坚强的人手中，他们也不愿卖股票，因为他们预见战争将会结束。

突然之间，股票市场只剩下买主，几乎没有人想卖股票。上涨情况出现了，吸引大众投入，上涨情况比之前更甚。然而，如果战争真的爆发，就像伊拉克突然入侵科威特那样，后果可能就非常严重，证券市场很可能陷入恐慌。

过去的布宜诺斯艾利斯证券市场，提供了大众对突发事件的有趣实例。裴隆回到阿根廷后，指数连续下跌，降到非常低的水准。裴隆死后，他的遗孀，前夜总会的舞女，美丽的伊莎贝尔接管政府高层。证券市场的形势看上去毫无希望，也没有人想买阿根廷股票。股票在哪里？在固执的投资者手里，或许被锁在保险柜里，虽然暂时无法见到未来，但大家却期待着更好的未来。这时，发生了严重的意外事件：军事政变，美丽的伊莎贝尔·裴隆遭到逮捕。第二天，布宜诺斯艾利斯的证券交易所因为买单过多，无法开门营业。30天后，当证券交易所终于可以开门营业时，指数上涨了一百倍，后来更上涨200倍。这个故事说明，当交易所的股票全部卖光，而后来又突然出现非常有利的消息时，交易所里什么事情都可能发生。

大众所期待的事情，包括战争，在发生的那一刻，就已经成为过去式了，对证券交易所不具任何意义。但有一种讯息，即使在未来也会有影响，那就是影响货币的事件，且不按大众的盼望。当然，中央银行提高利率后，也可能出现“既成事实”的典型反应，这种情形事实上经常发生。如果大众普遍期待提高利率，指数在利率措施实施后，首先将上涨，特别是当大众认为不会再有进一步的利率措施时。但提高利率一定会在未来对货币供给额产生影响，且是极重要的影响因素。因为高利率随之出现的是资金短缺，这是不管证券市场是正面或负面反应，都会出现的结果。

## 投机人士的工具

17 世纪阿姆斯特丹的港口，投机者经常连续几个星期，甚至几个月之久，等着印度公司货船的消息。现在的投资人，则是整日遭到各种消息、统计数字、公司报表、分析预测、专家意见等的轮番轰炸。指数显示屏上，每分钟都有上百条讯息一闪而过。基于这个原因，证券交易所中的玩家阵营日益壮大，对他们来说，讯息社会是个天堂乐园，每秒钟都有新的资料为依据，把市场推向高处或低点。其中美国的债券市场更是古怪，以就业市场报告为例，如果各种资料同时公布，甚至会发生因为新就业的人数较少，债券指数先冲向高点，但过了 30 秒后，债券指数又回到原来的水准，或跌得更低，因为根据报告后面某个部分得出的讯息指出，单位小时工资比预期的高多了。玩家们在决定买或卖之前，甚至来不及读完报纸。

显然，投入长期投资的投资者，不会对这天天发生的事作出反应，但为了得到投资方向，难道不必了解这消息吗？答案是不用。

法国政治家和作家艾瑞欧特曾如此评价文化，他说当大家已经把所有一切都遗忘时，文化是唯一保存下来的东西。证券交易所也是如此，证券投资者不是百科全书，需要储存年度报告、红利、指数、营业报告和统计数字，这些东西可以储存在电脑里，需要时再调出来就行了。**真正的证券交易知识，是那些当大家忘记所有细节后留下来的东西，大家不需要无所不知，而是要理解一切，在关键时刻指出正确的内在关系，并采取相应动作。**大家必须像雷达一样捕捉重要事件，正确解释内在关系，并且独立思考。

我去餐厅吃饭，从不点侍者向我推荐的菜，因为他只想把这个菜卖出去。90%的证券投资建议和推荐也是如此，只有极少数是好心的建议，大多数情况下，都是某家银行或集团为了向大众推销某种股票，所作的促销和广告宣传。他们写下非常乐观的分析报告，通过媒体和口头宣传四处传播，于是价格受到人为操纵，哄抬到高点，因为没有比向大众兜售行情上涨的股票更容易的事了。购买股票后又推动价格不断向上涨，当犹豫的投资者买进股票后，大家才会发现，那些乐观的分析只不过是一股热空气，但这时距离崩盘已经不远了。

这种闹剧经常发生在德国的新市场，就是证券交易所，连知名的证券教父，也强迫电视观众和看他证券分析的读者，购买他们之前已买下的股票，这简直就是现代版的拦路抢劫。熟悉证券市场的人，很容易就看穿这种诡计，但外行人却看不出来。

每个人都能搞鬼，普莱尔也不例外，我已观察他多年了，他是个聪明可爱的家伙，但也不能阻止我揭露他所作所为的真相。我并无意批评那些有股票在新市场上市的企业，新成立的基金机构完全有利经济发展，但这里所发生的一切，却说明事情是如何的失去控制。我指责的是对这些股票所进行的交易，这完全是犯罪。例如通过人为操纵，把宾利、克莱斯勒或 IBM 公司的股票抬高十倍之多，难道不是犯罪行径。令人遗憾的是，设在法兰克福的联邦信贷监管会，对这一切置若罔闻。这些先生们若不是睡着了，就是对证券交易一无所知。在美国、英国或法国，这种事情绝不可能发生，因为监管机构早就把这些罪犯抓住了。

有目的的传播谣言，也是操纵股价的一种途径，自从证券交易所出现以来，大家便利用这种手段把大众带到某个方向。早在 17 世纪，英国银行主席富内斯就是这方面的教父，他掌握完善的讯息网络，只要出现重要的讯息，他在欧陆的亲信便通过信鸽把讯息传递给他。如果他想买进股票，他的经纪人便在伦敦证券交易所上演一出戏剧，他们紧锁眉头，表情神秘地跑来跑去，仿佛听到什么坏消息。他们下达几笔卖出的订单，让大众注意他们的动作，由于他们的老板地位极高，所以他们的一举一动都备受关注。扑克牌游戏中，大家把这种行为称作“虚张声势”，是被禁止的。投机者机灵地跟进他们的做法，引起大量抛售，价格下跌，他便能用低价买进。

## 神奇的犹太经师到数学家

到处建议别人的人，只要有一次准确命中，预测出行情大涨或崩盘，便会升格成为传奇的证券交易教父，他们受人尊敬、赞美，有时甚至受到膜拜。一大群投资者专心听他们讲话，当教父推荐他们买 X 或 Y 股时，他们立刻冲向电话，一秒也不迟疑。这些证券交易所中的先知大多利用知名度，操纵股价朝有利他们交易的方向发展，他们的分析方法涵盖数学及观星术。我已经讲过，普雷希特靠着艾略特曲线，在 20 世纪 80 年代红极一时。

尤其令我印象深刻的是葛兰维尔，他以小贩吆喝的方式自我宣传，在正确预测，或者确切的说法是猜出道琼斯指数回跌 30 点后，成为证券交易教父。对这项预测，他竟希望能得到诺贝尔经济学奖的殊荣。其实，这个预测并非杰作，实际上，是他对 2 万至 5 万名股票持有人发电报，危言耸听地建议他们卖掉所有股票，才造成指数回跌的。指数当然会回跌，如果几千名幼稚的散户突然把手中的股票全部抛售，道琼斯指数是很容易下跌 30 点的。葛兰维尔成为明星和证券交易教父，不仅在美国，连在德国都能找到他的追随者。

另外还有一位住在蒙赫，负责管理证券账户的欧利格穆勒，他在德国一跃而为证券交易教父。我和他本人打过交道，从前在《资本》杂志专栏里，我曾经取笑过星象学家、证券交易所中的炼丹术士和类似的学者，后来他写了一封信给我，他觉得我的话伤害了他，虽然我从来没提到过他的名字。他为自己精确预测任何一种指数发展的新理论，大作宣传，一些记者甚至为这发明向他祝贺，他称自己的理论是“黄金分割”。

在信里他用攻击性的口吻辱骂我，声称葛兰维尔小手指上的证券交易知识都比我脑袋里的多。他要求我在专栏里，不要讲述证券交易所的古老趣闻，而要精确预测任何一种股票在30天后的行情。他说道，证券交易是种严格的科学，大家必须认识和研究。

遗憾的是，他的理论下场悲惨；几个月后，他先开枪杀死妻子后再自杀。这个可怜的人在遗书中写道，他仍然坚信自己的理论无懈可击，但遗憾的是他再也没有证明这点的毅力和健康的身体了。他把客户委托的资金，赔得一干二净。

这个悲惨事件证明了有些玩家是多么的狂热，我相信，欧利格穆勒是葛兰维尔预测方式的牺牲品。就在葛兰维尔预测道琼斯指数下跌30点成功后，他企图再次证明自己的能力，在道琼斯指数达到750点时，他预测道琼斯指会在最短时间内跌到450点。葛兰维尔向大众解释：“100%肯定，连我也命令老祖母们（他说的是上了年纪的女士们）对崩盘进行投机。”后来发生的事，已成为华尔街的历史：道琼斯指数非但没有跌到450点，而且在后来几年内，只涨不跌。据我所知，欧利格穆勒在芝加哥的指数期货市场下了赌注，把他的全部资金，都投机到葛兰维尔预测的美国证券市场崩盘上了。

但葛兰维尔绝对没想过自杀，也没想过要谦逊和知耻。他继续大放厥词，进行预测。当时他还花费巨资，出现在德国，在巴赫基金公司筹办的公开辩论会上，他自我吹嘘说：“科斯托兰尼先生说，他100次中有51次是对的，便很满足了。这简直是在开玩笑，我 100 次都是对的，我也不像科斯托兰尼那样说‘我想’或‘我认为’，我说‘我知道！’”

更有意思的是，当我们两人单独在小沙龙时，葛兰维尔向我承认：“科斯托兰尼先生，您知道，我是个狡猾的骗子！”我一点都不喜欢他。第二天，《法兰克福广讯报》登出这次的辩论，占了半个版面，说我百分之百正确，但对葛兰维尔则有些羞辱。文中表示，像安德烈·科斯托兰尼这样有教养的人，不和葛兰维尔这种人进行辩论并不足为奇。

几十年前，我的一些同行不相信数学，宁愿相信秘教。有一次我刚到布达佩斯，一位好友便邀请我和他去拜访一位熟人，那个人听说我是个“彻头彻尾的证券交易投机家”，十分希望和我认识，这时我心里相当失望。我知道她的名字，她叫芭芭拉·西碧格，是位虔诚的犹太老妇人。我年轻时，她是布达佩斯有名的女算命师，国家元首何比将军、部长贝特伦爵士和其他许多匈牙利贵族，都是她的客户。每逢新年伊始，报纸杂志都会大篇幅报道她对未来 12 个月的预测，她是官方的匈牙利女预言家。

然而，她的邀请并不令我觉得舒服，我绝对不想知道我的未来，因为证券交易所中，每天发生的每一件意外事件，都带给我甜蜜的感觉。但我的朋友向我保证不会谈到占星术，反而是芭芭拉想从我这儿了解其他事情，于是我们动身前往匈牙利的戴菲神殿，即布达城后的山区，那几乎是世界的边缘。

在一间堆满杂物的小屋里，一位打扮吓人的老妇人接待了我们。一把破烂的靠背椅被她重达 100 公斤的身体压得嘎吱作响，空气混浊的房间里杂乱无比。但当她开始说话时，景象便改变了，她的用词高雅，非常有教养，而且完美地驾驭着好几种语言。

“我亲爱的孩子，你就是那个在证券交易投机中极有天分的人。你看来了解证券游戏中的所有伎俩，我很高兴能从你这儿听到和学到一些东西。”

我简直不敢相信我的耳朵，这位年老，看样子一贫如洗，而且还是在一个社会主义国家里的女人，怎么会知道道琼斯指数、本益比或可转换债券呢？然而，听起来似乎有些可笑，我觉得向她灌输证券交易所的真相，对我来说是种享受。我在她那里待了两个小时，发觉到一位天才且趣味盎然的学生，实在令我欣慰。离开时，她要我和她保持联系，并不时写信把我对不同证券交易市场的看法告诉她。

几个星期后，当我再次回到西方世界时，向熟人说起这次会面，同时得知，有四位居住在国外的匈牙利人，一位在苏黎世，一位在伦敦，第三位在日内瓦，第四位在纽约（他们都是诡计多端的国际证券交易玩家），多年来一直和我的新朋友保持联系时，我真是惊讶极了。他们定期寄礼物和包裹给她，而他们则从芭芭拉处，获得世界各个证券交易所的行情预测。她有时斩钉截铁地预测，例如“秋天时，在华尔街把所有股票抛掉!”有时又很神秘，例如“在巴黎买进所有 P 字母开头的股票!”或者充满画境，如“在苏黎世投资黄色的股票!”

她凭着直觉，这种直觉肯定以某事为基础，她也许是从冷静的投资者、经纪人或银行家从未注意的事件中，得出结论，但实际上是从她那位于社会主义土地上，堆满破烂的小屋中，影响四名国际职业投机家的证券操盘。

自从我拜访过她后，她掌握了一条新的直接连线，把我从巴黎寄到遥远布达佩斯山区的“智慧”，贴上她的预言标签，再传递到刚才提过的世界四个角落。借着这个新机制，芭芭拉的建议显得更加内行，但她的预测是否得到证实，今天我已说不上来了。

有意思的是，大多数证券交易教父都是崩盘的预言家，预测上涨的证券交易教父较少，也许是因预言世界毁灭较能吸引人和引起更大的轰动。他们都经历过艰苦的岁月，但今天几乎没有人再提起他们。包括美国的普雷希特和葛兰维尔，以及在德国，我的同行及朋友保罗·马丁都是这号人物，马丁连续在几本书里预测将出现崩盘，现在他为《图片报》撰稿。还有前银行家菲利普，他肯定从来没有想过操纵指数，而是100%相信自己的预测。

几年前，菲利普曾在《法兰克福广讯报》登出整版广告，警告大家预防世界经济崩溃，这则广告花了他一大笔钱，但他却没从中得到任何好处，现在也没有人提起了。目前仍很活跃的只有罗兰·洛雪，他是几年前转到崩盘预测教父阵营的，早在道琼斯指数达到3000点时，他就曾预测将出现第二个1929年。这期间，只要指数下跌，他总是重提所谓的腊肠式崩盘，意思是崩盘将逐步发生。

从字面上看，这种预测是错误的，崩盘是后果极严重的突发性意外事件，我对崩盘的定义如下：女侍端着汤碗走进餐厅时，把汤碗摔破了，第一个响声出现在瓷碗掉到地面时，瓷碗碎片四分五裂，最后女管家对女侍大加责备。这就是崩盘，甚至可说是崩盘三部曲。

洛雪非但没有收敛，反而借此炫耀他有多正确，但事实上，这位德籍比利时人的预测从未应验过。在美国，还有吉姆·罗杰斯，一直以崩盘先知的角色活跃在证券市场。几年来，这位乔治·索罗斯的以前合作伙伴，一直警告大家注意高估了的华尔街。

崩盘教父最后应该像我在布达佩斯的兄弟那样，承认自己的错误。在一次大型的家庭舞会上，他对女主人说："您看到那边那个相貌丑陋的大脑袋侏儒了吗？"

女主人回答说："那是我的儿子。"

我的兄弟尴尬无比，脸色发白，不过还是理智地回答说："可敬的夫人，如此的错误无法弥补，我告辞了。"

是，他走了。

众所周知，我从来不是崩盘教父，但新闻记者还是经常把证券交易教父的头衔加在我身上，虽然我从来不提供建议，也不接受这个头衔，因为教父不能出差错，而我肯定不是这样的人。只有世界著名的天才犹太经师冯·富特提出的证券投资建议没有错误，当法兰克福一群证券投资者问到现在该在证券交易所做什么时，他回答说："买不卖！"证券投资者只好为这个建议加上标点，"买，不，卖。"或"买，不卖。"

## 知情意味毁灭

在证券交易所，大家最渴望得到的是内线消息。即使各国都明令禁止利用内线消息，也影响不了实际情况。这是一种情结，所有的证券投资人都相信其他人比自己了解更多讯息，是典型的邻家草坪更绿的老故事。如果某个投机人士偶然得知某个同行下了某股的订单，他马上会猜那位同行是不是知道更多的讯息。不过，这种猜测几乎永远是错的，因为即使他知道某些内线消息，消息也不一定正确。

简言之，“知情”常常意味着“毁灭”。20 世纪 30 年代初，我在圣摩里兹过冬时，也曾遇过这样的事。那时，圣摩里兹是奢侈和财富的象征，拥有大厅、酒吧和烧烤的皇家饭店地位非常重要，这里是国际金融巨子、世界各地花花公子及名人聚集的地方。读者会问，我在这个上流社会圈子里找什么，身为一名旁观者，我在资本主义的生活方式下，完成了学业，从中获得宝贵的生活经验，更幸运的是，通过卖空投机，我也拥有了可观的金钱。

这个多彩的小世界，如今像去年的雪一样消失得无影无踪。然而，当我几年前从皇家饭店大厅经过时，这些人物再一次栩栩如生地出现在记忆中。在大厅的一个角落，我看到了破产前的汽车大王雪铁龙。另一张桌子旁，则坐着迪特丁爵士，他是荷兰壳牌石油公司的总裁。离他不远处，迪特丁的竞争对手，标准石油公司总裁提格正在用餐。据小道消息说，这两位石油巨子每年在这会面，商讨价格、市场、石油等问题，就和今天石油输出国家组织会议上的石油酋长一样。

离他们两步之遥，我看到世界著名的画家凡·东根和卓别林。这里少不了我的同乡、杰出的投机家和最伟大的黄金债券专家普莱西，另一边坐着这个时代最有影响力的银行家曼海姆，他总是坐在同一张靠背椅里沉思。身为一位外汇交易人士，曼海姆赚了大钱，在轰动一时的银行破产案发生前，他被公认是阿姆斯特丹金融市场上的无冕王，所以自然而然给我留下深刻印象。曼海姆矮小结实、狂妄自大，深知自己的权力和重要性。

在皇家饭店，我用私家侦探般的眼睛注视着这些人，分析他们的表情，并想偷听他们的谈话，他们肯定不再是谈论天气。而之后发生的一件奇怪事件，满足了我的好奇心。一天晚上，侍者敲开我的房门，递来一封电报，我迫不及待地打开。电文内容是世界各个证券交易所正在执行数额巨大的壳牌石油公司股票的买单，价值相当于几百万荷兰盾。这些电报与我何干？我正丈二金刚摸不着头时，把电报反过来，才看到电报是发给曼海姆的。

这种乌龙事情竟然会发生在皇家饭店！我的房间位在背阳面，和位于向阳面的曼海姆套房面对面。过了几十年后的今天，我仍能感觉到当时心头掠过的惊恐。突然之间，我撞见了神祇们的秘密，就在几天前，我还在一个角落里发现迪特丁爵士和曼海姆一起热烈交谈着。如今回想起来，他们肯定是在策划关于壳牌石油公司的特殊交易。

我按铃把服务员叫来，把电报封好交还给他，然后努力想把混乱的想法理出头绪。我当时是卖空投机人士，出于经济和政治上的原因，我倾向悲观，不太容易接受买进投机的建议。当时的股市还正处在下跌阶段，但这样的讯息，这个有如鬼使神差般透露给我的讯息，肯定不会再发生一次。我心想这样的建议一定要听，紧随其后，我也买进壳牌石油公司的股票。然而就从这一刻起，壳牌股票的价格开始下跌，一直跌到我买价的三分之一，而我则把听从这一建议的钱全赔光了。

我从来没能了解那两个人在皇家饭店大厅里谈些什么，但从这段经历，我得出两个结论：大金融家可能是位糟糕的投机家。而在冬季的休闲活动中，大家同样可以累积有益的证券投资经验。

# 第十一章 从股票交易所到交易股票

股价永远不会等于
公司实际价值，
否则，
就不会有证券交易所了。

到目前为止，我只分析股票市场，但只有手中握有正确股票的人，才能赚到1000%或至10000%的巨额利润。

根据经验，没有人的选股技术，可以好到即使股市普遍下跌也能赚到钱。如果指数趋势不定，只有极少数的几种股票能摆脱盘势，充其量是成长型行业可以维持原来水准，这些行业中最好的企业也许能有发展，但是谁能事先知道，哪些企业是属于这类型？不论在任何地方，都无法指望指数迅速上涨。如果货币因素不利，大家也不会有多余的钱购买具潜力的股票，但如果证券市场趋势转变，影响货币的因素转为正面，这时成长型股票就会像火箭一般直线上升。

在指数呈现上涨的过程中，如果流动资金充足，那些经历过黄金时代，或正处于萎缩中的行业，也能保持良好的状态。不过一旦出现跌势，这些股票便会骤然下跌。所以结论是，**在指数上涨过程中，即使是最差的投机人士也能赚到一些钱；而在指数下跌过程中，即使挑到好股票的人也赚不到钱。因此投**

**资最看重的是普遍的趋势，其次才是选股，**只有投资经历至少有 20 年之久的投资者，才用不着太关心整体发展趋势。

## 成为富人的机会

如果整体发展趋势呈正面，投机人士便必须找出成长潜力最大、机会最好的股票。首先，必须知道哪些行业将从未来发展中获利，在发现行业后，还必须从中筛选出发展潜力最大的企业，再购买这些公司的股票。但是小心！诚如我提醒自己的原则：证券交易所中人尽皆知的事情不会让我激动。当大众发现成长型行业时，股价通常已非常高，包括今后几年，甚至几十年的增长，都已先行反应在股价上了。科斯托兰尼鸡蛋的原理当然也适用于具体行业，甚至是具体的股票。当整个市场还处于上涨过程中的第二阶段时，股票极有可能被超量购买。

行业的繁荣和衰退，总是遵循相同的模式，开始时，出现大量新企业，这些企业生存的市场成长快速，即使最差的企业也能生存。随后该行业成长缓慢，速度减缓，对品质的要求提高。过程就像过筛子，大多数企业无法克服发展过程中的缺陷，于是灭亡，或是被合并，只有具备竞争力的企业会生存下来。如果该行业再度出现衰退，便开始第二次筛选，所有企业都亏损，只有非常有实力的企业才能度过危机。最后，少数大集团共享市场。今天，大家称他们为全球玩家。

19 世纪的铁路公司和 20 世纪初的汽车及石油工业，就是这种情形。这期间要发展成通用汽车、福特汽车和克莱斯勒等今天的规模，得有多少汽车制造商因亏损而窒息，或多少石油公司得从大家眼前消失，直到只剩下壳牌石油、艾克森、英国石油等几家。此后，相同的命运也将降临到电子和电脑工业，同样的，我敢打赌也会发生在网络事业上。

新兴行业呈“之”字形发展，先迅速向前发展，然后倒退回来，接着又出现第二次成长动力，随后又再次回跌，但永远也不会回到原来的水准。每一次回跌时，没有生存能力的企业便会消失，股票指数和新兴行业平行发展，甚至还会超过实际的发展水准，这又是狗和主人的老故事。

投机人士必须比一般大众提前发现成长型行业，只有这样，才有机会在合理价格时进场。如果等到这一行业成为证券交易所中的时髦行业，投入的成本就会增加10倍，有时甚至会增加100倍，许多过去的股票都证明这一点。

## 股票的价格

显然，**股价永远不会和公司的实际价值相等，总是或高或低于实际价值**。股票难道不具有可以衡量的客观价值吗？如果真是这样，大家就能够指出某个企业的确切价值，就不会有证券交易所了。然而，事实并非如此，所以，所有想通过电脑，或其他神奇法则预测发展趋势的试验都失败了，更不用说想准确预知指数了。

即使是对某种股票本益比的判断，也是心理因素使然，有可能分析家认为某种或同一种本益比15的股票过低，并以此判断该股票的价值被低估，但在其他时候，他们却称同一种股票的本益比过高。因此，大家无法得出持续发展的结论，因为断定“过低或过高”不是算术公式，而是一种心理因素的相对判断。如果大家把本益比看成是证券交易分析的乘法表，就应该买 IBM、微软的股票，而不可以购买网络股票，因为根据这种计算方法，网络股总是行情过高，而很多股票不论过去或现在一直都在亏损，本益比甚至是负值。假如我只把赌注押在本益比上，可能会错过大的投资机会。

## 从死灰中复活的凤凰

提前认知并捕捉到未来的成长型行业，是非常困难的。为什么微软和 IBM 能够成为市场主宰，在今天来看，一清二楚，但是谁能在 20 年，甚至 40 年前知道这些？除非投机者是每个行业中的专家，能够准确认识和理解技术上的细节。但这是不可能的，因此我常把赌注押在所谓的转机股票上。转机企业是指陷入严重危机、亏损、甚至即将倒闭的企业，这些企业的股票指数相对徘徊在谷底，但如果这些企业能扭转局面，重新获利，指数便会直线上涨。

我曾经做过的克莱斯勒股票，便是最漂亮的一次转机股交易。20 世纪 70 年代末，当这家世界第三大汽车制造业几乎要破产时，我以每股 3 美元的价格购买，经纪人建议我做短线交易，因为这家企业肯定会破产。这种看法进一步证明经纪人这一职业的局限性，完全不考虑基本形势，就短线操作而言，要卖掉一种已经从 50 美元跌到 3 美元的股票，完全是种疯狂举动。

机会和风险没有任何关系，如果这家企业真的破产，损失利润是每股 3 美元，但如果企业拯救成功，获利却可能是 30 美元或更多。在克莱斯勒股票这件事上，我一如往常般，采取和经纪人建议相反的行动。而且非常幸运，富传奇色彩的汽车制造经理亚柯卡，让美国国会相信克莱斯勒公司有生存能力。他采取一系列明智的做法，利用全新的模式整顿企业，于是股价从 3 美元开始迅速攀升，到了今天，兑换成宾利克莱斯勒股票后，股价达到 150 美元左右。

## 分析家的荒唐词汇

许多分析家和经纪人在评价有价证券时，将之区分成投机型和保守型，我认为这种区分过于肤浅，甚至是错误的。重点不在大家投资股票的品质，而是投资的数量，如果一位大资本家用少量的钱，购买一种相对没有把握的科技股，那不算是投机，而是计算过风险的保守投资。但如果是一个小人物用超过自己资产的金额，也就是通过融资购买“最安全的”成长股，才是非常危险的投机。大家必须时刻牢记，投机型和保守型的区别，只是比例上的问题。

同样，我认为分析家经常说的“继续持有”建议，完全是胡闹。如果证券账户，放着我已不会再买进的股票，那我便必须卖掉，有什么理由要保留显然已不会再上涨的股票？手续费大概是唯一理由，但在这个可以打折扣的经纪人时代，手续费不是问题。

多数情况下，分析家给这些已经急骤上涨的股票，套上“继续持有”的术语。他们认为，如果投资者已经赚了钱，他可能会保留股票。

经纪人犯了一个几乎每个证券交易者都会犯的错误，即以自己买股票的角度来评价股票。如果他以 100 元的价格买了一种股票，等涨到 200 元时，他就认为股票价格贵了：如果跌到 50 元，他又会觉得股票价格便宜了。然而早在几年前，以 20 元价格买下同一种股票的同行，则是以另外一种眼光看待这一价格。对他来说，股价达到 50 元就已经算贵了，而那些以 200 元价格买进的人，却认为所有低于 200 的价格都算便宜的。

股票价格是贵，还是便宜，取决于基本数据和企业的发展前景。按这种标准，投机人士必须尽可能客观评价一种股票，至于是什么时候进场的，并没有太大作用，证券市场不会顾及这一点。即使已经上涨 1000% 的股票，仍可能值得购买，而已跌了 80% 的股票可能还是不值买进。这当然也适用于转机型股票，并不是每一家即将倒闭的企业，都能扭转倒闭的噩运。大家在购买股票前，必须想到，一家企业凭什么成为转机股，在克莱斯勒股票这件事上，我把赌注押在亚柯卡身上，但我没有买布莱梅火山船厂或泛美航空的股票，因为我看不到这些企业翻身的机会。

## 图表可能赚钱，但肯定赔钱

很多人用图表寻找绩优股。经常有人问我，如何看待此事，我的回答早就准备好了："阅读图表是徒劳之事。"尽管如此，我一直都很喜欢看图表，因为监往知来。通过图表，大家能清楚看到昨天和今天的情况，但也只是如此而已。

多数的图表主义者都想充分利用"之"字形运动的每个小曲线，并事先画出未来图表的走势线条，这种想法实在可笑。根据他们所谓的图表，他们已先入为主地认为，必须在特定的价格间买卖股票。然而我买一种股票，从不知道会以何种价格再把股票卖出去，也许低个50%，也许高出300%。我在实际操作中，认识了几百名证券玩家，每天根据图表变化进行操作，他们之中没人成功，相反地，许多人不久后便从交易所消失了。

有一次，在昆巴赫举行的演讲会上，我也说过同样的话。这时有个人站起来，他是图表书册的出版商，他说："科斯托兰尼先生，您看前面，门口停着一辆宾利SL型轿车，是我的车，而我是位彻底的图表主义者。"

"当然，"我说："因为您卖图表，而不是根据图表操作交易。"

图表主义者当然能在这或那，猜出股价的发展趋势。在证券交易所，只有两匹马在赛跑：向上或向下。大家甚至可以不用图表，或不考虑图表，也能猜出发展趋势。狂热的图表主义者的最大不幸是，他一刚开始利用他的系统赌博就获利，那么他会变得更加狂热。

有一次，有人在赌场上告诉我的一位朋友，说他儿子正在赌场大厅玩轮盘。“他是坐着，还是站着?”我朋友很自然地问着，因为如果是站着，那他只是随便玩玩，可能输，也可能赢。但如果是坐着，那就会不停地赌，也许是有系统地赌，那他肯定会分文不剩，离开赌场。**就像任何赌博游戏、轮盘、赛马，也包括图表系统，最后只有一条规则：大家可能赚钱，但肯定赔钱。**

今天，在任何一家银行和经纪大楼的分析部门，都能找到图表主义者。他们要在每天的交易活动中“根据图表”来引导大众。这也没有什么好奇怪的，因为对经纪人来说，这类客户是最好的买卖，他们巧妙地受到摆弄，支付几百万元的佣金，他们使经纪人变富翁，却令自己的遗产继承人大失所望。

根据玩家的品位，现有几十种图表理论，准确规定大家在何时及如何买卖股票。我对这些理论根本没有看法，但有一条法则适用所有人：图表主义者不可把客观的、政治上和经济的想法考虑进去，必须严格坚持他们的图表理论。因为指数的发展应该是所有相关因素共同作用的结果，其中也包括我们没有认识到的因素，以及固执的图表主义者根本不应该知道的因素。整个图表哲学最终是以一个假设为基础，如**法国哲学家约瑟夫·优贝特所说的：“谁要关心未来，就必须带着敬畏之心接受过去。”**

但我特别观察了两个图表规则，饶富趣味，然而，这两条规则却很少出现在图表主义者的节目单，这些节目单总涉及个别股票，却从未涉及整体的股票指数。这就像医院里的医生为了得出某个结论，只观察自己病人的体温变化图，却认为画出所有病人的平均体温曲线，是十分荒唐的事一样。

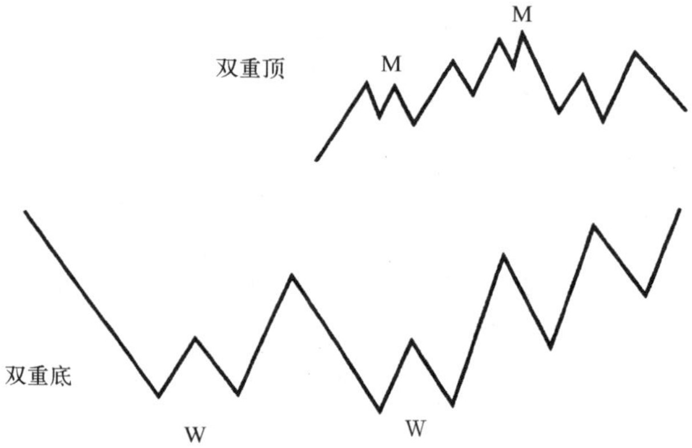


我观察的这两个规则，涉及双重底和双重顶理论，即 M 和 W 规则。“双重底” W 指的是，在指数下跌过程中，前一次股价的低点不会被下一次股价低点打破，如果这种现象重复出现几次，就会让人得出股价将继续上涨的结论。但如果图表几次显示出“双重顶”即 M 形时，即表明股价极限，也就是说，无法继续突破前期股价，也许有大批股票被售出，只要这个水龙头不关上，股价就不会上涨。

我们假设，由于继承遗产，现在有十万股票等待出售，例如，委托售价定为 90 元，如此每当股票的价格接近 90 元时，就会有大量股票投入市场，价格便再次下跌，只有当所有的“遗产股票”全部卖掉后，股价才可能重新上涨。同样的理论也可应用于下跌的价格上，在股价的下跌过程中，新的价格总是低于前一次的最低股价，这表明价格可能继续下跌。

W 形图形表明，股价回跌后将达到某个无法突破的最低点，也许后面躲着某个想大量购买该股票的大财团，也可能是某个操盘联合集团，甚至可能是某家大银行出于心理因素“人为”支撑股价，用证券交易所的行话说是“护盘”。

M 和 W 理论是最老的图表规则，我虽然不是图表主义者，但这两个规则常帮我的忙。M 和 W 理论是种相当有趣的现象，是证券投资者能凭借经验解释的众多现象之一。

但对大多数看图表的人来说，曲线不仅仅是辅助手段而已，他们像通过电脑工作的轮盘赌徒一般，对这种系统迷恋不已。许多赌场都有这种现象，一个人把赌注押在第二个人用电脑算出来的数字上，第三个人拿着计算结果，在他们两人之间来回跑，他们就这样连续工作好几个小时。我时常在蒙地卡罗和巴登巴登观察这些人，大家不用问结局如何。晚上，他们还非常狂妄，坚信自己的运气，相信找到“那条”数学公式。但到了凌晨三点，他们只求能赚回几个钱，好让他们重新开始这个完美无缺的系统。大多数图表主义者都是如此。

# 第十二章 用别人的钱交易的投机者

他们对货币投资一无所知
却精于应付客户，
而且无例外地全部赔光。

很多投资者决定让职业投资者为他们进行投资。这个行业的成员明白，正如大仲马所说那样，这笔生意是别人的钱。他们无数不负责任的人只想到一件事：尽快把客户的钱弄到自己的账户中。他们或通过昂贵的佣金洗劫客户，或干脆私吞客户的钱。他们虽然对货币投资一无所知，却精于应付客户，而投资者最后毫无例外都赔光了。

## 投资四要素

认真负责的基金经理，试着进行利润超过平均水准的投资，但令人遗憾的是，只有极少数人能成功。多数有价证券经理人的表现，比手中握有同一种股票达 30 年之久的家庭妇女还要糟糕，为什么？

因为他们不是固执的投资者，他们缺乏耐心和想法。他们是不假思索的玩家，虽然在学费最贵的大学里念过书，拥有最复杂的股票分析软件，会阅读图表，从事许多事情，但他们看不到相关联系。

在每个月都要有出色表现的压力下，他们反复赌博，如果他们购买的股票没有马上上涨，没过多久，他们便把这些股票扔掉，然后在股价最高的时候，跳进正在“上涨”的股票。他们之中有些人赌瘾很大，把委托的资金全部赔光，自己也并没有因此富裕。

总而言之：用第三者的钱交易的投机者，无论是基金经理、财产管理人、私人银行，还是投资顾问，都必须正直、有责任感、经验丰富，像固执的投资者那样拥有四种要素（金钱，想法，耐心，运气）。正直，就不会私吞钱财；处理事情时有责任感，就不会冒无法预知的风险，对待委托的资金，至少能像对待自己的资金般小心谨慎。

经验是投机者最好的学校，无论投机者是为自己，还是为第三者投资，都需要这四种要素，才能使经验变成成就。如果缺少其中之一，他都一无是处，即使每天连续16个小时，一头栽入客户的业务里勤奋忙碌、进行分析。**正如莫里哀所写的：“一个懂得很多的笨蛋，比无知者还要加倍愚蠢。”**

## 投资基金：多数投资者的公车

这一想法并不新颖，早在60年前，我对投资基金便很感兴趣。在美国，我年轻时的朋友伊姆勒·德维格是基金想法的先锋之一。基金当然也有负面的弊端，我曾经激烈反对的 IOS 基金，对德国人而言即是很糟的经历。1969 年，当 IOS 基金正如火如荼发展之际，我正在巴伐利亚抵押银行的投资会议上做客。

从波昂来的一位处长解释外国投资法，并阐述基金投资方式的好处，他把投资基金比喻成一辆公车，适合每位买不起汽车的人，交给基金经理的任务和公车司机的任务是相同的。我挑衅地问他："你如何查验公车司机是否有驾驶执照?"

投资行业在过去几年内发展成熟，今天对基金的控制更加有效，共同基金、特殊基金和退休基金持有最大部分的股票，构成证券交易所的基础。从经济学的角度看，这些基金满足了每位小储户通过投资基金参与经济发展的目的。大家用不到 1000 马克或每月只有 50 马克的少量资金，就可购买股份，以微薄的资金促进经济进步。

但如何选择基金，却变得越来越难，市场上有上千种不同投资重点的基金。基金经理当然没有时间和每位投资人谈话，因此基金品质只能靠业绩来衡量。所以，投资人不仅应该看基金经理过去 3 年的业绩，更要看过去 10 年，甚至是过去 20 年的业绩。因为有 3 年良好业绩表现的人，可能只是运气好。其实. 关键是这些业绩是利用哪些股票，采用何种战略得到的。

**基金有点像餐厅，关键不只是材料的品质，还有厨师的烹调技艺，否则即使用一流的材料，厨师也可能做出难吃的饭菜。**相反地，一名名伟大的烹调艺术家，用简单的东西就能料理出可口美味的佳肴。

## 避险基金：看名称就知是骗局

在我所提的投资基金中，绝不包括避险基金，因为避险基金是百分之百欺骗大众的骗局，甚至是双重骗局，因为这既避不开风险，也不是基金。避险基金之所以不是基金，最主要是因为在资本市场发达和投资保护法健全的国家里，根本没这种基金。于是所有避险基金，都不得不在允许欺诈的小岛国上，找寻自己安身的故乡。就像罗恩格林在著名的圣杯故事里所唱那样："在遥远的地方，你们的脚步难以靠近。"

而且这些基金也不从事避险交易，避险交易是另一种业务，例如有人持有金矿股票，然后以期货出售黄金，这时他才处于可规避风险或有保障的状况下。如果黄金下跌，虽然金矿股疲软，但他在期货市场上仍可利用行情下跌赚钱。但如果黄金价格上涨，金矿股就会朝有利方向发展，以降低在期货市场上损失的金额。但避险基金只沿着一个方向，即用超过自有资金数倍的数额进行投机，步调太快，以至连金额很小的外汇、债券和原料期货交易的保证金，也要以额外的贷款来缴纳。

这绝对是赌博，就像我在赌场大厅对某人说："你对赌博一无所知，现在你把钱交给我，然后去散步两个小时，这期间我会替你玩轮盘。"当他回来时，我对他说，我把钱全输光了，这时他除了生气，变成穷人回家外，无计可施。

索罗斯管理的量子基金，1993 年，通过投机英镑贬值，赚取了超过百分之百的利润，这次成功掀起社会大众一股投资热，大多数人相信，避险基金经理人有把握获利。

早在15年前，一位女舞蹈家就对我说过同样的话，这位女舞蹈家坚信避险基金，我问她乐观态度从何而来，她回答得简洁具启发性："你知道，证券交易所并不总是上涨，也可能下跌。如果下跌，避险基金让大家也能赚钱。"

我终于从一位女芭蕾舞蹈家处学到这两条重要的证券交易投资公式。

"避险基金也作卖空投机，如果交易所行情下跌，他们可以便宜买回这些股票；如果交易所行情上涨，避险基金也可以利用买进交易赚钱。无论上涨，还是下跌，利润都有保障，"芭蕾舞蹈家向我解释。

## 又一个失败案例

乍听之下，完全符合逻辑，而且十分简单。这让我想起来来自瑞士的一位女友，她总是用动听的话接待打桥牌的朋友："我希望您们大家都能赢。"

避险基金的获利把握有多大，在去年秋天，当长期资金管理公司倒闭时，我们已经领教过了。16家银行中甚至有像瑞士的UBS和美林这些著名银行，把几十亿巨资委托给该基金，最后都赔光了，到底发生了什么事？

原来，基金经理人，其中有两位是诺贝尔奖得主和哈佛大学的数学教授，把赌注押在美国将提高利率，于是短线卖出美国国债，长线买进俄罗斯的美元债券，因为俄罗斯利率高于美国利率。这几乎是令人无法理解的愚蠢行为，俄罗斯的财政状况非常不稳，随时都有进一步恶化的可能，而后来的确出现了这种情况，结果是俄国的债券下跌，美国的债券上涨了。由于基金欠下巨额债务，不可避免地倒闭。此外，为长期资金管理公司提供贷款或投资的银行也遭池鱼之殃，只得自己承担损失。当然，散户也损失了几百万元。

所以我不仅建议大家不要，而且禁止所有的读者、朋友和投资者把钱投资到避险基金上。

## 投资顾问：他们的快乐是客户的痛苦

我所理解的投资顾问，是和顾客保持联系，并且在往后关照客户的银行职员和经纪人。他们提供顾客整体投资战略咨询，并推荐股票、债券或基金。原则上来看，他们不是拥有证券交易授权的基金经理，而是和客户一起协商，决定每笔订单。因此，顾客可以妥善监督，也可在面对面交谈中，了解他的顾问，这是非常正面的事。但**所有经纪人和银行的投资顾问，都处在和客户的利益冲突中，他们只有在成交时才能赚钱，这点对客户而言相当不利**。所以经纪人尽可能地频频买进、卖出，因为只有交易，才能得到佣金，没有成交，就赚不到钱。

在德国，投资顾问原则上领取固定薪金，于是缓解了这个问题。但他们大部分人升迁的机会取决于完成的成交量，于是也就和美国同行一样，处于利益冲突。

## 成交才抽佣的必然结果

看看实际操作情形，就可了解我为什么这么说：一位客户持有 1000 股 IBM 的股票，经纪人实际上也认为股价会继续上涨，但如果他建议客户继续持有股票，他就什么也赚不到。基于此他建议客户最好把 IBM 票换成康柏的股票，这样一来，就出现两笔佣金，一次是在卖出时，另一次是在买进时。

我知道我在说什么，因为第二次世界大战前，有一段时间我也是经纪人，靠佣金过活。我对经纪人，除了之前多次说过的，并没什么特别评价。只有极少数长期让客户满意的人，才看到自己有飞黄腾达的机会，大多数人只关注迅速变化的成交量。我曾经和近 70 名经纪人及投资银行家共事过，充其量，我只信任其中 5 个人，多数情况下，我采取和他们建议完全相反的行动。有一首花腔女高音咏叹调优美地唱着："奥斯卡知道，但他不说。"我把这句美妙的句子调过来："经纪人说，但却不知道。"

## 财产管理人：基金经理中的裁缝

认真负责的财产管理人没有经纪人和投资顾问的利益冲突问题，他们的收入主要来自他们为客户取得的利润，如果客户赚钱，财产管理人也赚钱，反之亦然。财产管理人的收费结构越严格，他的投资成就就越好。

财产管理人填补了以前犹太私人银行家留下的空白，今天这种私人银行家仅剩少数几人，他们和客户私交甚笃，熟悉他们的账户，甚至也熟悉他们的女友和爱慕者。他们对待年老的女士，不同于夫妻和为子女、为孙子操劳的父亲，也不同于资金雄厚的年轻人。而投资的好坏，不仅和投资行为，更和投资者有关。出于这个原因，我一直拒绝提出整体的投资建议，因为在说出建议前，必须真正了解寻求建议的人，必须把他“看透”。

现在，大型银行都在银行柜台前提供咨询，不再提供私人业务，他们出售“现有配套服务”。但是，财产管理人是“量身定做”的裁缝，这也是我偏爱这类人的原因，因为这是我从自己的经历中得出的经验，多年来，我一直是莫逆老友黑勒的费都卡账户管理机构的伙伴。

# 第十三章 写给敢作敢为的人

要真正了解证券交易所，
或是真正掌握证券交易之前，
肯定要付很多学费。

有些读者可能会问：我该不该冲进证券市场的丛林中，试试当个投机人士的运气？有一次，在我主持的证券交易讲座上，一名学生问我，如果我有儿子，会希望他成为投机家吗？“当然不会”是我的回答。“假如我有一个儿子，他应该成为音乐家。第二个儿子要当画家，第三个儿子当作家，或至少应该成为新闻记者，但第四个儿子，”我补充说：“为了养另外三个人，他必须成为投机家。”

众所周知，我不会劝任何人作投机家，但劝阻某人不做投机家，同样也是徒劳无功的。只要某个人被投机热吸引，就再也摆脱不掉，有证券投资经验的读者都知道我在说什么。也许看我的经验后，某个人或其他人会从玩家变成投机家。

要真正理解证券交易所，或是真正掌握证券交易之前，肯定要付很多学费。我再次重复：投机中赚的钱是痛苦钱，先有痛苦，然后才有金钱。

大家必须像对付瘟疫一样，留神这一点，不要指望不惜任何代价，把赔的钱“重新赚回来”。如果已经蒙受损失，便必须承认，把账算清，马上从零开始。

## 赔钱是必然的

最难的是在证券市场里承认赔钱，但就像外科手术，在病毒扩散之前，必须把手臂截肢，越早越好。要这样做很难，一百个投机家中也许只有五个人能做到。证券交易所玩家犯下最不可原谅的错误，是设定获利的上限，却让亏损不断膨胀。一位正确操作，且有经验的投机家会让利润增加，然后以相对较小的损失出场。大家不应该把“小鱼就是好鱼”的格言用在证券交易所上，**我的证券交易格言是：“看重小利的人，不会有大价值。”**既然在证券市场中投机，就必须这么做。

如果有同行告诉我，他们买进一种股票，同时又下一张涨10%便卖出的订单，我一定会笑他们。这让我想到法国大作家莎夏·圭曲，他虽然从不想听到关于投机的事，但有一次，为了摆脱经纪人的纠缠，他还是下了一个订单：“请你为我买一百股壳牌石油股票，等你再次看到这个价格时，便卖掉。”莎夏·圭曲的幽默和我同行们的态度差别并不大。

身为投机人士，大家必须像玩扑克牌的人那样，在牌不好时少输一些，在牌好时多赢一些，而且也不可每天结算。一名投机家是否成功，只有他的遗产继承人才能判断。

在接受记者采访时，有些基金经理说他们白天工作16个小时，这或许会使某些职业普通、并有家眷的业余证券投资者望而却步。大多数人会认为，和这些随时掌握行情、拥有大型电脑的职业人士竞争，没有任何机会。但这是一派胡言，职业投资者的工作，95 % 是在浪费时间，他们阅读图表及营业报告，却忘记思考，但对投资者来说，这才是最重要的。大家可以在任何地方思考，散步时、跑步时、骑自行车时，在飞机上、汽车里、吃饭时……当然，我更喜欢的是在听音乐时思考。穿着马甲背心的投机者，只能专注在一种行业上，如果他能独立思考，就超过其他 90% 的同事了，不管那些同事做多少工作。

## 光环的效果

如果从某个时候起，在朋友、邻居或一起运动的人当中，传出某个人是成功的证券投机人士，他就再也摆脱不掉这个光环了。不论投资者在什么地方，在体育俱乐部、酒馆、理发店，还是在戏剧或歌剧演出的中场休息时，他都会被一大堆问题纠缠不休。

我多么喜欢和伟大的作曲家及小提琴演奏家克莱斯勒谈论音乐，但没办法，他坚持要我帮他出主意，因为他最大的问题是该继续持股，还是把所有股票脱手。他认为对证券交易所中出现的不和谐音，我的耳朵肯定比他的灵敏。可是和我相比，他拥有更大的优势，因为到了晚上，他就可以把白天在证券市场的损失用小提琴“拉回来”。

战后，我曾经非常幸运，在瑞士遇到我崇拜的偶像理查·

斯特劳斯，并成为他的朋友。我们经常坐在苏黎世附近巴登的维瑞纳园一起吃饭，我热切听着他的话，想捕捉大师关于音乐的每一句话，但都白费力气，人家只谈钱，他的妻子宝琳娜只想知道证券交易所的所有事情。

我的身边充满只对证券交易所有兴趣的人。好朋友亚若斯来自布达佩斯，是我在法国里维拉寓所的常客，他是个极有文化修养的人，尤其精通法国文学。我想让他感到宾至如归，于是邀请我的朋友也是邻居、法国作家及龚古尔奖得主、同时也是美国大学的法国文学教授 MC 到家中做客。

事实上，我原本想在法国人面前炫耀我的匈牙利朋友，我想向他说明，即使在社会主义的匈牙利，大家也很了解法国文学发展的最新动态。为此，我的朋友亚若斯整天忙着为文学上的思想交流做准备。遗憾的是，谈话内容并没按预定计划成为纯文学的讨论，因为嘉宾们一直用关于电子工业、石油债券、黄金价格和货币市场的问题，向我狂轰滥炸，我可怜的朋友亚若斯几乎插不上话，他难过地坐在桌子旁，精心策划的文学午餐失败了。

我对我的名气心满意足，所以我也提醒所有好客的女士们，如果招待艺术家、作家或其他文艺爱好者时，就不要邀请我，因为我在场都会破坏气氛。

## 对证券交易所的爱

某些投资者迷恋证券交易所，认为其他事情都没意义，真是令人惋惜，因为他们忽略了许多东西。如果不能享受美食、上等葡萄酒、漂亮女人，还有音乐，生活将是多么单调呀！

迷恋证券交易所，不仅令人遗憾，而且也非常危险。我有一位朋友，住在维也纳，但他也能在世界任何其他城市生活，前提条件是要有证券交易所、传真和电话。这位隐居者的世界被他办公室里的传真、企业年度报告、指数表单和各种金融杂志填满了。只有当他赚钱时，脸上才会露出一丝爽朗的笑容。

对他来说，除了挂在墙上的图表和脑中的数字外，其他一切东西都无关紧要，甚至他的时间也完全由证券交易所决定、分配。他目光呆滞，迈着大步从街头走过，察觉不到任何事情。他不看橱窗里的皮衣，不看珠宝店里的钻石项链，更不看招徕众人度假海报上的漂亮女子。他就像匹戴着眼罩的赛马，永远只看着一件东西：证券交易所。天气也许下雨、打雷、出太阳，对他而言，只有一种气候至关重要，那就是证券交易所的气候。他一路小跑，为了在第一声铃响前赶到证券交易所，而收盘时响起的第二声铃响，对他来说就像丧钟。

当他回到家时，仍继续延长他的享受，通过传真和电话，他又和国外的证券市场连接起来，股票、债券、外汇、原料，这就是他的生活世界，他相信自己在这个世界里是快乐的。

正如大家所说，他对投机上瘾，一切都和投机有关，一切都以投机为结果。当他刮胡子时，他想着，“吉利”；当他打字时，他用“雷明顿”的打字机；当他想提神时，他要“可口可乐”。对他来说，日常生活中的每一样东西，都是证券交易所中的股票，他衬衫上的棉花，领带上的丝绸，咖啡里的糖，都是可以用来投机的原料。关于春天，他除了巴黎证券交易所里同名的春天百货股票行情外，一无所知，而关于蒙地卡罗，他只知道“摩纳哥海滨浴场公司”的股票。

一天早晨，他带着比平常更大的冲劲赶往交易所，收音机里传出有关他做卖空投机公司的不利消息。对他来说，却是个好消息，他感到高兴，并不是因为获利，而是因为满足。他一步四个台阶，匆匆跑上交易所楼梯，已经听到行情下跌的乐声，他的耳朵不是用来欣赏莫扎特或巴哈的，但却能准确无误的分辨出上涨时的大调和下跌时的小调。

但接下来却发生了预料不到的事。“这梯子是干什么用的？我可不想向命运挑战，从梯子下面钻过去！”

随着话语声落，他突然感到一阵恐惧，仿佛胸口挨了重重一拳。梯子上，一位金发少女正对他微笑，他站在那里，看着她，从头到脚端详着她。

“这真是胡闹，我简直疯了，”他想：“她不是在向我微笑吧？”

随后，他消失在交易大厅里。

但那微笑一直紧紧跟着他，几乎没注意到对他来说极佳的指数，他的手有些颤抖，听不到同事的祝贺，那奇怪的微笑一直还在。他相信可以从左边、右边、从任何地方，既肯定又疑惑地看到这个微笑。终于，铃声第二次响起。

这一天，交易所的交易时间似乎无止境。他想会不会在出去的时候，再次见到她呢？不，她不在那里，连梯子也不在那里，他觉得一切仿佛是场梦。走到街上，他的步伐变慢了，突然间，每一件东西都有了意义，在橱窗里的玩具娃娃身上，他认出了金发女孩。钻石围绕着笑靥翩翩起舞，那是少女的笑靥，海报上，同样的笑靥邀他去旅行。

回到家里，电话铃响了，但他没有拿起听筒，传真机啪啪作响，但他没有起身去看。这天晚上，从他家里发出去的电报很少，而收到的电报，他根本没有打开。他没去看国外交易所的收盘指数，纽约、芝加哥、布宜诺斯艾利，对他来说都不再存在。

当夜降临时，他无法入睡，眼前闪过一幕幕的生活，没有微笑的乏味日子，充满冒险，但只是投机冒险，没有人在场。直到天亮，他都在盘算，沉浸在荒唐的想法中，也许他会再见到她，一切都会改变。时间似乎静止了，他极不耐烦地等着去交易所的时间，但年轻少女并不在那里。他很失望，他的同事注意到，这是他生平第一次忙着股票以外的事。收盘的钟声一响起，他便紧张且心不在焉地离开了。

她在那里，在她父亲呆的看门人小屋里。通过开着的窗户，他看到她正站在镜子前梳理她那金黄色的长发。突然之间，他们的目光交织在一起，燃起一丝火花，他好像对她说："等着我！"而她回答："好！"

在回家的路上，他感受到真实的生活，到家时，他已作出决定，刻不容缓开始工作，连续好几天，他发出电报，下订单，但这一次，不是为了开始新的投机。相反地，他解除所有交易，补清空头，卖掉买进的投资交易。一个星期后，他结清所有业务，然后到国外旅行，拜访生意上的朋友，结清账户，收进款项，取消账户，最后彻底结算。

在旅行的最后一个晚上，他终于结清账户，收拾好箱子，拿出回程车票。现在他可以开始真正的生活了，他要把钱存在储蓄银行，再也不去想证券交易所。他还要再去一次交易所，但只是为了在看门人那里待一会儿，他想握住少女的手，带她一起离开，然后像童话中那样，他们将永远快乐地生活在一起，他梦想着。

“终于找到你了！一星期以来，我四处打电话找你！”

原来是他的一位老朋友，一位经纪人和投机者，碰巧和他乘坐同班火车。

“你想象一下，”那个人继续说：“我发现了一个世纪性的投机，一件非比寻常的事。”

“我对这已不感兴趣了，我退出证券交易了。”

“你疯了吗？这笑话真不高明。我可不想失去时间。你听着，事情是这样的……”

“没用的。我刚才已经说过了，我已经放弃一切，我对投机已经厌烦了。”

“但你听听，你马上就会看到……”

他试图抗议，但那个人已滔滔不绝地说了起来。

“大家应该买进牛皮，在纽约交易所里买进皮货，这绝对有把握，虽然指数已经涨了，但还在涨，而且还会涨很多。俄国人正在大量买进，有多少，他们就买多少，他们把所有的皮货都抢过来。在全世界的所有市场，在阿根廷、加拿大都能碰到他们。他们造成皮货短缺，德国的鞋厂已因皮革短缺，不得不停工了。”

那位经纪人越说越兴奋，他是那种能够被某个想法刺激，然后一吐为快，并把自己的激动感染给别人的那种人。

“你听明白我的话了吗？”他继续说：“皮货的价格变化和其他商品没有任何关系。皮货只是一种副产品，大家不是因为要皮货才杀牛的，而是为了吃肉。通常情况下，当某种原料的价格上涨时，才会刺激生产，例如铜的开采就是这样，几年前，当价格上涨时，大家便重新开采搁置弃用的铜矿。但皮革绝不是这种情况，皮革的价格可能会涨上天，因为只要肉的消费量维持不变，屠户就不会宰杀更多的动物。目前肉品的消费甚至会减少，因为素食者人数日益增加，所以皮革大量增产的前景，微乎其微。

但另一方面，我们又发现什么呢？大量增加的皮革消费。俄国人以成吨的鱼子酱和堪察加虾出口换来的外汇干什么？他们买皮货，所有能得到的，他们都买。因为他们的士兵用的包括靴子、鞋底、皮带、子弹夹，都是皮做的，还有其他国家士兵冬天穿的靴子，夏天穿的靴子，必须从头武装到脚的军队。还有其他低度发展的国家，以及中国人，你算算这是多大的数字呀！

在今天这样的国际紧张局势下，亲爱的朋友，必须投机皮货。只要世界上某个地方有火药味，就需要皮货。”

“我丝毫不否认这点，你说得对，但是我再重复一次，我退出这行了。”

“好吧，我不想逼你，但如果你的想法变了，这是我的电话号码。”

说完这些话，他们就分手了。我的朋友在卧铺车厢里度过可怕的一夜。直到天将破晓，他一直辗转反侧着，他梦到靴子、中国牛、发育不良的素食者，梦到子弹夹、杀鸡的屠夫、俄罗斯的靴子底，然后他又看到高高站在梯子上的金发少女。

他立即匆匆赶回家，他的住所看上去和平日完全不同，墙上不再有统计数字，也没有记录指数的纸条，没有传真，一切都在他旅行前被人取走了。当他刮胡子时，他不再想到吉利公司的股票，穿衣服时，也不再考虑棉花指数，他系上领带，并没有考虑丝绸的价格。该开始新的生活了，生平第一次，他在镜子里端详自己，几条皱纹，满脸疲惫。他开始思考，和镜子里的自己对话。

“你真是疯了，你不可能一下子抛弃一切。人的本性不是那么容易改变的，大家不可能像脱衬衫一样轻易摆脱掉。”

他还没有完全想清楚，就习惯性地走到电话前，拨起经纪人的电话号码。

“请你为我在纽约交易市场随时买进 X 数量的皮革期货交易。”

这份订单金额庞大，他不得不把准备存在储蓄银行的全部款项留起来，以为保障。

他静静坐到书桌前，重操旧业，电报发出去，传真机重新安装起来，啪啪响个不停。随着这笔皮革期货交易，他又开始每天去证券交易所。他很高兴没有错过这次机会，并开始计算将来可能获得的利润。他再也没有朝看门人的小屋看一眼，他害怕自己。他再度成为早晨第一个来，晚上最后一个离开的人，而且总是坐在巨大的交易大厅角落他习惯坐的座位上。

皮货后来的情况如何呢？艾森豪威尔邀请赫鲁晓夫到美国进行访问，这是全面和解的序幕，和平共存和裁军成为日程议题。大家努力忘掉靴子和子弹夹，皮革价格猛跌，我的朋友失去全部财产。事情就这样发生了，和平的世界局势惩罚了这场未完成的罗曼史的主角。

我在这次事件中也损失了一些钱，我也无法抵御“完美无缺”的论证和成功的诱惑。

当我写完这个真实的故事后，我读给故事的主角——我的朋友听。他专心听着，点头同意，不动声色，最后意味深长说道：“很有意思，安德烈，但我要告诉你，现在必须买进猪肚！”

# 十 律

不把我早在多年前就列出来的十律和十戒告诉大家，我是不会和读者告别的。大家在进场和出场，或决定继续留在证券市场前，如果能够遵守这些原则，必定可以省下几马克的学费。

一、有主见，三思后再决定：是否应该买进，如果是，在哪里，什么行业，哪个国家？

二、要有足够的资金，以免遭受压力。

三、要有耐心，因为任何事情都不可预期，发展方向都和大家想象的不同。

四、如果相信自己的判断，便必须坚定不移。

五、要灵活，并时刻考虑到想法中可能有错误。

六、如果看到出现新的局面，应该卖出。

七、不时查看购买的股票清单，并检查现在还可买进哪些股票。

八、只有看到远大的发展前景时，才可买进。

九、考虑所有风险，甚至是最不可能出现的风险，也就是说，要时刻想到有意想不到的因素。

十、即使自己是对的，也要保持谦逊。

## 十　戒

一、不要跟着建议跑，不要想能听到秘密讯息。

二、不要相信卖主知道他们为什么要卖，或买主知道自己为什么要买，也就是说，不要相信他们比自己知道得多。

三、不要想把赔掉的再赚回来。

四、不要考虑过去的指数。

五、不要躺在有价证券上睡大觉，不要因期望达到更佳的价格，而忘掉它们，也就是说，不要不做决定。

六、不要不断观察变化细微的指数，不要对任何风吹草动作出反应。

七、不要在刚刚赚钱或赔钱时做最后结论。

八、不要只想获利就卖掉股票。

九、不要在情绪上受政治好恶的影响。

十、获利时，不要过分自负。